图说中华水文化丛书

图说 诸子论水

◎ 靳怀堾 著

中国水利水电出版社
www.waterpub.com.cn

《中华水文化书系》编纂工作领导小组

顾　问：张印忠　中国职工思想政治工作研究会会长
　　　　　　　　中华水文化专家委员会主任委员
组　长：周学文　水利部党组成员、总规划师
成　员：陈茂山　水利部办公厅巡视员
　　　　孙高振　水利部人事司副司长
　　　　刘学钊　水利部直属机关党委常务副书记
　　　　　　　　水利部精神文明建设指导委员会办公室主任
　　　　袁建军　水利部精神文明建设指导委员会办公室副主任
　　　　陈梦晖　水利部新闻宣传中心副主任
　　　　曹志祥　教育部基础教育课程教材发展中心副主任
　　　　汤鑫华　中国水利水电出版社社长兼党委书记
　　　　朱海风　华北水利水电大学党委书记
　　　　王　凯　南京市水利局巡视员
　　　　张　焱　中国水利报社副社长
　　　　王　星　中华水文化专家委员会副主任委员
　　　　王经国　中华水文化专家委员会副主任委员
　　　　靳怀堾　水利部海委漳卫南运河管理局副局长
　　　　　　　　中华水文化专家委员会副主任委员
　　　　符宁平　浙江水利水电学院党委书记

领导小组下设办公室
主　任：胡昌支
成　员：李　亮　淡智慧　周　媛　杨　薇　李晔韬　王艳燕　刘佳宜

《中华水文化书系》包括以下丛书：
《水文化教育读本丛书》
《图说中华水文化丛书》
《中华水文化专题丛书》

《图说中华水文化丛书》编委会

主　　任：周金辉
副主任：李　亮
委　　员：（按姓氏笔画排序）
　　　　　王英华　王瑞平　吕　娟　朱海风　任　红
　　　　　向柏松　李红光　武善彩　贾兵强　靳怀堾

丛书主编：靳怀堾
丛书副主编：朱海风　吕　娟

《图说诸子论水》编写人员

靳怀堾　著
赵　新　主审

责任编辑：李　亮　LeeL@waterpub.com.cn
文字编辑：张炜琰
美术编辑：钱　诚
插图创作：北京智煜文化传媒有限公司
插图配置：李　亮

丛书各分册编写人员

《图说治水与中华文明》　贾兵强　朱晓鸿　著／靳怀堾　主审
《图说古代水利工程》　王英华　杜龙江　邓俊　著／吕娟　主审
《图说水利名人》　任红　陈陆　刘春田　等　著／程晓陶　主审
《图说水与文学艺术》　朱海风　张艳斌　史月梅　著／李宗新　主审
《图说水与风俗礼仪》　史鸿文　王瑞平　陈超　编著／李宗新　主审
《图说水与衣食住行》　李红光　马凯　程麟　刘经体　编著／吕娟　主审
《图说中华水崇拜》　向柏松　著／靳怀堾　主审
《图说水与战争》　武善彩　欧阳金芳　著／朱海风　主审
《图说诸子论水》　靳怀堾　著／赵新　主审

弘扬先进水文化
推进治水兴水千秋伟业
—— 《中华水文化书系》总序

水是人类文明的源泉。我国是一个具有悠久治水传统的国家，在长期实践中，中华民族创造了巨大的物质和精神财富，形成了独特而丰富的水文化。这是中华文化和民族精神的重要组成，也是引领和推动水利事业发展的重要力量。面对当前波澜壮阔的水利改革发展实践，积极顺应时代发展要求和人民群众期盼，大力推进水文化建设，努力创造无愧于时代的先进水文化，既是一项紧迫工作，也是一项长期任务。

水利部党组高度重视水文化建设，近年来坚持从水利工作全局出发谋划水文化发展战略，着力把水文化建设与水利建设紧密结合起来，与培育发展水利行业文化紧密结合起来，与群众性宣传教育活动紧密结合起来，明确发展重点、搭建有效平台、突出行业特色，有力发挥了水文化对水利改革发展的支撑和保障作用。特别是2011年水利部出台《水文化建设规划纲要（2011—2020年）》，明确了新时期水文化建设的指导思想、基本原则和目标任务，勾画了进一步推动水文化繁荣发展的宏伟蓝图。

水文化建设是一项社会系统工程，落实好规划纲要各项部署要求，必须统筹协调各方力量，充分发挥各方优势，广泛汇聚各方智慧，形成共谋文化发展、共建文化兴水的强大合力。为抓紧落实规划纲要明确的编纂水文化丛书、开展水文化教育等任务，中国水利水电出版社在深入调研论证基础上，于2012年组织策划"中华水文化书系"大型图书出版选题，并获得了财政部资助。为推动项目顺利实施，水利部专门成立《中华水文化书系》编纂工作领导小组，启动了编纂工作。在编纂工作领导小组的组织领导下，在各有关部门和单位的鼎力支持下，在所有参与编纂人员的共同努力下，经过历时一年的艰辛付出，《中华水文化书系》终于编纂完成并即将付梓。

《中华水文化书系》包括《水文化教育读本丛书》《图说中华水文化丛书》《中华水文化专题丛书》三套丛书及相应的数字化产品，总计有26个分册，约720万字。《水文化教育读本丛书》分别面向小学、中学、大学、研究生和水利职工及社会大众等不同层面读者群，《图说中华水文化丛书》采用图文并茂形式对水文化知识进行了全面梳理，《中华水文化专题丛书》从理论层面分专题对传统水文化进行了深刻解读。三套丛书既有思想性、理论性、学术性，又兼顾了基础性、普及性、可读性，各自特色鲜明又在内容上相互补充，共同构成了较为系统的水文化理论研究体系、涵盖大中小学的水文化教材体系和普及社会公众的水文化知识传播体系。《中华水文化书系》作为水利部牵头组织实施的一项大型图书出版项目，是动员社会各界人士总结梳理、开发利用中华水文化成果的一次有益尝试，是水文化领域一项具有开创意义的基础性战略性工程。它的出版问世是水文化建设结出的丰硕成果，必将有力推动水文化教育走进学校课堂、水文化传播深入社会大众、水文化研究迈向更高层次，对促进水文化发展繁荣具有十分重要的意义。

文化是民族的血脉和灵魂。习近平总书记明确指出："一个国家、一个民族的强盛，总是以文化兴盛为支撑的，中华民族伟大复兴需要以中华文化发展繁荣为条件。"水文化建设是社会主义文化建设的重要组成部分，大力加强水文化建设，关系社会主义文化大发展大繁荣，关系治水兴水千秋伟业。我们要以《中华水文化书系》出版为契机，紧紧围绕建设社会主义文化强国、推动水利改革发展新跨越，认真践行"节水优先、空间均衡、系统治理、两手发力"新时期水利工作方针，不断加大水文化研究发掘和传播普及力度，继承弘扬优秀传统水文化，创新发展现代特色水文化，努力推出更多高质量、高品位、高水平的水文化产品，充分发挥先进水文化的教育启迪和激励凝聚功能，进一步深化和汇集全社会治水兴水共识，奋力谱写水利改革发展新篇章，为实现"两个一百年"奋斗目标和中华民族伟大复兴的中国梦提供更加坚实的水利支撑和保障。

是为序。

陈雷

2014年12月28日

《图说中华水文化丛书》序

古人说："水者，何也，万物之本原也，诸生之宗室也"（《管子·水地》）；"太一生水。水反辅太一，是以成天。天反辅太一，是以成地"（《太一生水》）。又说："上善若水。水善利万物而不争，处众人之所恶，故几于道"（《老子·八章》）；"知者乐水，仁者乐山"（《论语·雍也》）。

水，是我们人类居住的地球上分布最广的一种物质，浮天载地，高高下下，无处不在。水是生命之源，是包括人类在内的万千生物赖以生存的物质基础。现代人经常仰望星空，不断叩问"哪个星球上有水？"因为有水的地方才会有生命的存在。"水生民，民生文，文生万象"。水养育了人类，它给万民带来的恩惠远远超过世间其他万物；同时，人类作为大自然的骄子，不但繁衍生息须臾离不开水，创造文化更少不了水的滋润和哺育。

文化者，人文教化之谓也，民族灵魂之光也。中华文明是地球上最古老、最灿烂的文明之一。中华本土文化源远流长，博大精深。考察中华民族文化的发展史，不难发现，水与我们这个民族文化的孕育、发展关系实在是太密切了，中华文化中的许多方面都有水文化的光芒在闪耀。比如，人们习惯把黄河称为中华民族的母亲河和中华文明的摇篮，在一定意义上道出了中华文化与水之关系的真谛。

水文化是一个非常古老而十分新颖的文化形态。说它非常古老，是因为自从在我们这个星球上有了人类的活动，有了人类与水打交道的"第一次"，就有了水文化；说它十分新颖，是因为在我国把水文化作为一种相对独立的文化形态提出来进行研究，是20世纪80年代末以后的事。

那么，何谓水文化呢？

水文化是指人类在劳动创造和繁衍生息过程中与水发生关系所生成的各种文化现象的总和，是民族文化以水为载体的文化集合体。而人水关系不但伴随着人类发展的始终，而且几乎涉及社会生活的各个方面，举凡经济、政治、科学、文学、艺术、宗教、民俗、体育、军事等各个领域，无不蕴含着丰富的水文化因子，因而水文化具有深厚的内涵和广阔的外延。

需要指出的是，文化是人类社会实践的产物，人是创造文化的主体。而水作为一种自然资源，自身并不能生成文化，只有当人类的生产生活与水发生了关系，人类有了利用水、治理水、节约水、保护水以及亲近水、观赏水等方面的活动，有了对水的认识和思考，才会产生文化。同时，水作为一种载体，通过打上人文的烙印即"人化"，可以构成十分丰富的文化资源，包括物质的——经过人工打造的水环境、水工程、水工具等；制度的——人们对水的利用、开发、治理、配置（分配）、节约、保护以及协调水与经济社会发展关系过程中所形成的法律法规、规程规范以及组织形态、管理体制、运行机制等；精神的——人类在与水打交道过程中创造的非物质性财富，包括水科学、水哲学、水文艺、水宗教等。与此同时，这些在人水关系中产生的特色鲜明、张力十足的文化成果，反过来又起到"化人"的作用——通过不断汲取水文化的养分，能滋润我们的心灵世界，培育我们"若水向善""乐水进取"等方面的品格和情怀。

随着物质生活水平的大幅度提高，人们对精神文化的追求越来越强烈。水文化作为中华文化的重要组成部分，如何使之从神秘的殿堂中走出来，让广大民众了解和认知，也就成了一个大的问题。目前，水文化还是个方兴未艾的学科，有关理论和实践方面的书籍虽说也能摆一两个书柜，但大多因为表达过于"专业"，不太适应大众的口味和需求。有道是，曲高和寡。就水文化而言，深入深出，只有少数专家学者能消费得起，而大多数人则望而却步，敬而远之，更遑论"家喻户晓，人人皆知"了。

但用什么方式把水文化表达出来，让"圈外人"都能看懂、理解，当然，如能在懂得、感悟的基础上会心一笑，那是再好不过了。思来想去，还是深入浅出最好，但如何走出水文化高高在上的"象牙塔"，做到平易亲和，生动活泼，让广大读者乐于接受呢？这需要智慧，需要创意。

好在中国水利水电出版社匠心独运，诸位编辑在思维碰撞、智慧对接中策划出"图说"——这种读者喜闻乐见的方式，来讲述人与水的故事；继而经过多位水文化学者和绘画专家的经之营之、辛勤耕耘，终于有了这套《图说中华水文化丛书》。要说明的是，尽管这套丛书有九册之多，但在水文化的宏大体系中，不过是冰山一角，管中窥豹。

在设计这套丛书的编写内容时，一方面，我们注意选择了水与人们生产生活关系最密切的命题，如衣食住行中的水文化、文学艺术中的水文化等，力求展示人水关系的丰富性和广泛性；另一方面，也选取了一些"形而上"的命题，如先秦诸子论水、治水与中华文明、中华水崇拜等，力求挖掘人水关系的深刻性和厚重性。在表达方式上，我们力求用通俗易懂的语言讲述人水关系的故事，强调知识性、趣味性、可读性的有机融合。至于书中的一幅幅精美的图画，则是为了让图片和文字相互陪衬，使内容更加生动形象，引人入胜，从而为读者打开一扇展现水文化风采和魅力的窗口。

虽然我们就丛书编纂中的体例、风格、表述方式等有关问题进行了反复讨论，达成了共识，并力求"步调一致"，落到实处，但因整套丛书由多位作者完成，每个人的学养、文风和表达习惯不同，加之编写的时间比较仓促，不尽如人意的地方在所难免，敬请读者批评指正。

靳怀堾

2014 年 12 月 16 日

神交古圣先贤
体悟中华水文化真谛
——前言

德国著名哲学家卡尔·雅斯贝尔斯有一个著名的命题——轴心时代。他在《历史的起源与目标》一书中告诉我们：公元前800—前200年之间，尤其是公元前600—前300年间，是人类文明的"轴心时代"，其发生的区域大概在北纬30度上下，即25度至35度区间。

在这个神奇的轴心时代，文明的基因如滔滔江河，奔腾激荡，各个古文明国度都有一批伟大的精神导师横空出世，如：古希腊的苏格拉底、柏拉图、亚里士多德，古中东犹太教的先知们，古印度的佛陀（释迦牟尼），古中国的孔子、老子、孙子、墨子……他们以天才的思维，伟大的创造力，塑造了不同的文化样式，不但深刻影响了他们身后的历史，而且必将超越时空，深刻影响着人类的未来。

轴心时代，是人类"终极关怀觉醒的时代"，是人类文明的黄金时代。

轴心时代的中国，正值春秋战国时期——社会在翻天覆地中变革，思想在电光火石中激荡。其时给我们呈现的景象，除了礼崩乐坏、诸侯争霸外，更有诸子蜂起、百家争鸣，包括儒、道、墨、法、兵在内的诸子百家，纷纷走上历史的舞台，"处士横议"，四处游说，推行自己的治世主张，表达对自然、社会和人生的看法，仁爱、兼爱？有为、无为？王道、霸道？……一时间，"儒墨争雄，儒道争锋，儒法争用，纵横捭阖，机锋迭起，智慧纷呈，展现出无穷的魅力"（易中天语）。于是，中华文化由此奠基，而且登峰造极，让后人"高山仰止"，难以企及。举凡政治学、经济学、哲学、文学、史学、伦理学、军事学、心理学、教育学、逻辑学，以及后来日趋细化的许多学科，都可以从那个思想文化光芒四射的年代找到源头。

诸子百家是对春秋战国时期各学术派别的总称。据《汉书·艺文志》载，数得上名字的一共有189家。影响较大者不过几十家，后来发展成学派、流传最为广泛的不过十几家。关于百家有划分，最早源于汉武帝初期的著名历史学家司马谈（司马迁之父），他在《论六家之要旨》中，将春秋战国以来重要的学术流派概括为"阴阳、儒、墨、名、法、道"等六家，并分述短长。西汉末著名经学家刘歆在《七略·诸子略》，在司马谈划分的基础上增"纵横、杂、农、小说"等为十家。东汉史学家班固的《汉书·艺文志》沿袭刘歆的观点，但认为"诸子十家，其可观者九家而已"，主张去"小说家"，后来，人们把剩下的九家称为"九流"。现代著名史学家吕思勉在《先秦学术概论》中认为："故论先秦学术，实可分为阴阳、儒、墨、名、法、道、纵横、杂、农、小说、兵、医十二家也。"笔者认为，在上述十二家中，就其对后世的影响而言，又以儒家、道家、墨家、法家和兵家为大，其代表人物有儒家的孔丘、孟轲、荀况，道家的李耳、庄周，墨家的墨翟，法家的商鞅、韩非，兵家的孙武、孙膑。

先秦诸子尽管观点不同、立说有异，但是其在自然主义、理性主义的观念框架中关注和言说现实人生命题的宗旨是一致的，即如何处理好人与自然、人与社会、人与人之间的关系，让大千世界更加和谐美好。有趣的是，诸子中，特别是孔子、孟子、老子、庄子、孙子、墨子、荀子、韩非子以及"管仲学派"的思想家们，在"仰观天文，俯察地理，近取诸身，远取诸物"的创建精神文化大厦的过程中，竟然统统想到了"水"。可以说，他们"究天人之际"的奇思妙想，有不少是在与水的交流和对话中获得的。

《管子》视水为"万物的本原"，认为："水者，何也？万物之本原，诸生之宗室也。"把水看作生成万物的本源。不独《管子》，中国古代许多先哲解释世界的本原时，水都会赫然在列，占有重要的一席之地，如著名的"水、火、木、金、土"五行说，即把水视为世界物质构成的五大元素之一。

儒家的创始人孔子，有"见大不必观"的习惯。"逝者如斯夫，不舍昼夜！"岁月与人事，都如流水般消失了！这是孔子站在河边望着滔滔流逝的河水发出的深沉感慨。孔子还有一句名言："知者乐水，仁者乐山。"孔夫子之所以乐水，除了水具有赏心悦目的审美情趣和洗涤身心以使洁净的作用外，更因为水堪与君子"比德"——"智者达于事理而周流无滞，有似于水，故乐水"（朱熹《四书集注》）。

真正把水放在哲学层面审视的当为道家学派的开山鼻祖老子，以至于有人说老子的哲学就是水性哲学。在老子眼中，水充满着人性色彩："上善若水，水利万物而不争，处众人之所恶，故几于道。"最高的善像水一样，利万物而不争，甘处人们都讨厌的卑下地位，这就是"道"的境界啊！老子又说："天下莫柔弱于水，而攻坚强者莫之能胜，以其无以易之。""天下之至柔，驰骋天下之至坚。"水性至柔，却无坚不摧，老子从水的"柔弱"悟出柔弱胜刚强的妙谛，教会了许多人如何立身处世。

墨家的创始人墨子说："江河不恶小谷之满己，故能成其大。"

兵圣孙子说："夫兵形象水，水之形，避高而趋下；兵之形，避实而就虚。"又说："故兵无常势，水无常形，能因敌变化而取胜者，谓之神。"

战国末期的大儒荀子说："冰，水为之，而寒于水。""不积小流，无以成江海。"又说："君者，舟也；庶人者，水也。水则载舟，水则覆舟。"

法家的集大成者韩非子说："势重者，人主之渊也；臣者，势重之鱼也。"又说："法如朝露，纯朴不散。"

……

在这些智者的慧眼中，水分明已由自然之水升华为文化之水、哲学之水了！

需要说明的是，本书还将《管子》这个"集大成"的"子"列入其中，原因如下：

《管子》虽托名春秋时齐国著名政治家、思想家管仲，但它是一部由春秋战国至西汉管仲学派集体创作的思想论丛，体量宏大，内容庞杂，思想丰富，涵盖先秦哲学、政治、伦理、经济、军事、科技等诸多学科。至于这部书的归属，则众说纷纭，如《汉书·艺文志》将其列入道家，《隋书·经籍志》将其列入法家（以后历代官志均将《管子》列入法家）。严可均、吕思勉等史学家认为《管子》为杂家之书。当代学者宣兆琦等认为管子学说"时时表现创新精神，处处充满百川胸怀，兼容百家成一家，融合各派为一派，决非九流十家可比。故不宜以九流十家标准硬性规范之"。

由此看来，《管子》是熔百家思想于一炉的集大成者，不太好给它冠名，索性"计划单列"吧。

靳怀堵

2014年12月于津门乐水书屋

目 录

弘扬先进水文化 推进治水兴水千秋伟业——《中华水文化书系》总序
《图说中华水文化丛书》序
神交古圣先贤 体悟中华水文化真谛——前言

1 第一章 智者乐水——孔子与水

2 乐水的价值取向

6 "浴乎沂"的人生理想

8 "逝者如斯"的千古一叹

13 清浊自取的人生态度

16 不饮盗泉之水

17 长眠于泗上

21 第二章 人性之善也,犹水之就下也——孟子与水

22 观水有术,必观其澜

24 人之性善,犹水就下

27 民之归仁,犹水就下

31 推崇大禹,反对以邻为壑

36 井田制的样子

39 第三章 水则载舟,水则覆舟——荀子与水

40 君民关系:水则载舟,水则覆舟

45 哲学之思:冰,水为之,而寒于水

46 唯物命题:犹不雩而雨也

49 改造人性:导之以理,养之以清

50 美善象征:遍与众生而无为也

52 欹器之警:恶有满而不覆者哉

55 第四章 上善若水——老子与水

56 渊兮似万物之宗

58 柔弱胜刚强

60 上善若水

65 上德若谷

66 得道之人的状态

69 第五章 善游者数能，忘水也——庄子与水

70 鲲化为鹏的"逍遥"

72 不如相忘于江湖

76 操舟蹈水亦有道

78 持竿不顾为哪般

82 积厚方能负大舟

84 投竿东海钩巨鱼

86 河伯、井蛙的悲哀

90 水静则明见道心

92 潜在的山水精神

95 第六章 非禹之道也，不足谓墨——墨子与水

97 奉大禹为精神教主

100 兼爱犹水

101 君子不镜于水而镜于人

102 江河不恶小谷之满己

103 打退"水的进攻"

107 第七章 水无常形，兵无常势——孙子与水

108 "水淋淋"的兵书

111 "激水之疾"的重势思想

113 "不竭如江河"的奇正之术

117 临水作战的四项基本原则

119 以水代兵的注意事项

123 第八章 鱼不可脱于渊——韩非子与水

124 譬道若水

126 法如朝露

127 鱼不可脱于渊

129 明君行赏如时雨

130 远水不救近火

133 第九章 水者，万物之本原也——《管子》与水（上）

135 水是万物的本原

138 水性决定人性

141 参照水性而治世

147 第十章 利在水也——《管子》与水（下）

148 水中自有财富在

151 水利是治国安邦的要务

154 不可以邻为壑

156 得水为上

第一章 智者乐水——孔子与水

孔子画像

读《论语》《孔子家语》《史记》等典籍，你会发现有"圣人""万世师表"盛誉的孔夫子喜欢与大自然中的山水为伍——他乐山，"登东山而小鲁，登泰山而小天下"《孟子·尽心上》；他乐水，"亟称于水，曰'水哉，水哉！'"（《孟子·离娄下》）"美哉水，洋洋乎！"（《史记·孔子世家》），而且"见大水必观焉"。对于水，他老人家还留下了两句十分著名的话，一句是"知者乐水"，一句是"逝者如斯夫，不舍昼夜"，让后人浮想联翩，费尽了心思、笔墨和纸张。

乐水的价值取向

"仲尼亟称于水，曰：'水哉！水哉！'"（《孟子·离娄下》），孔子对水情有独钟，经常由衷地赞美水：多美的水啊！多美的水啊！

公元前495年，在卫国得不到重用的孔子，听说晋国的实权派赵简子延揽贤士，决定前去一试，并憧憬着能在晋国大显身手，推行仁政。孔子带领弟子从卫都帝丘（今河南濮阳县东南）出发，向西疾行，走到晋卫交界的黄河边，却听到赵简子把晋国的窦鸣犊、舜华两位贤大夫杀死的消息。孔子大惊，面对着滔滔黄河，感慨道："美哉水，洋洋乎！丘之不济此，命也夫！"（《史记·孔子世家》）——雄浑壮美的黄河呀，浩浩荡荡多么盛大！我之所以不能渡过黄河，也是命运的安排吧！孔子的"临河而叹"，一方面借黄河之壮美，来象征自己的仁政理想；另一方面，又为自己的宏大抱负不能伸展而唏嘘惆怅。

孔子的乐水，难道只是为了欣赏水之美吗？当然不是！

请看夫子留给我们的名言：

知者乐水，仁者乐山；知者动，仁者静；知者乐，仁者寿。

——《论语·雍也》

知者不惑，仁者不忧。

——《论语·子罕》

文中的"知"，今写作"智"。这里，孔子将"知者"与"仁者"的习性作了比较，认为智者如水，流动奔腾，永不停息，喜欢奇思妙想，乐于开拓进取；仁者如山，仁慈宽厚，稳重不迁，喜欢平和安静，乐于稳坐钓台。显然，孔子的这一命题包含着这样的含义：一定的自然对象之所以引起人们的喜爱，是因为它有某种和人的精神相契合的地方。

我以为，南宋理学大师朱熹在《四书集注》中对"知者乐水"的解读，最接近孔夫子的本意，他说："智者达于事理而周流无滞，有似于水，故乐水。"的确，水具有川流不息的"动"的特点，而"知者不惑"，通达事理，反应敏捷而又思想活跃，同样具有"动"的色彩，而且水的形态和功用，常常给智者认识社会、人生乃至整个物质世界以启迪。

由孔子开创的儒家学派，以"仁"为学说的核心，以中庸为思想方法，重血亲人伦，重现世事功，重实践理性，重道德修养。孔子注重人事，不但"敬鬼神而远之"（"敬"是虚的，"远"才是真的），而且对"天"也不感兴趣，他曾经说过这样的话："天何言哉？四时行焉，百物生焉，天何言哉？"老天何尝说话呢？四季照常运行，百物照样生长。老天说了什么话呢？孔子无心问"天"，是因为他一生都以救现世济苍生为己任（具体地说就是推行仁义，重整社会的道德伦理秩序，变天下无道为天下有道），所关注的是现实社会的问题。因而他观水，在很大程度上是以构建儒家伦理道德思想的大厦为切入点的——这当然属于精神世界的东西。

《孔子家语·三恕》中有一段关于子贡问"水"的记载：

孔子观于东流之水,子贡问曰："君子所见大水必观焉,何也？"孔子对曰："以其不息,且遍与诸生而不为也,夫水似乎德；其流也，则卑下倨拘，必循其理，此似义；浩浩乎无涸尽之期，此似道；流行赴百仞之嵝而不惧，此似勇；至量必平之，此似法；盛而不求概，此似正；绰约微达，此似察；发源必东，此似志；以出以入，万物就以化洁，此似善化也。水之德有若此，是故君子见，必观焉。"

须知，孔子设教，不像后世官学和一般私塾那样，整天守着一堆简策，讲呀、念呀、背呀，没完没了，令人厌烦，而是常常以自然和社会为课堂，把学生带到山水之间和现实生活中去，启发他们的心智，陶冶他们的情操。

由孔子的上面那段话，我们可以"回放"出这样的场景：

孔子「见大水必观」

一个春光明媚的日子，孔子带着众弟子们来到曲阜城外的泗水之畔春游踏青，赏水观澜。春风习习似情人温润的嘴唇，带着泥土和花草的芳香热情地吻着大家的面颊。泗水岸边，桃红柳绿，绿草茵茵，到处弥漫着勃勃生气。河中，桃花水涨，唱着歌打着滚奔向远方。连日来，弟子们专心苦读，个个心神俱疲，为了不辜负眼前这大好的春光，大家都尽情地沉浸在大地的怀抱中，尤其是那些年轻的弟子，更是像快乐的小马驹一样，撒着欢在河堤上下跑着跳着唱着。孔子开始也和大家一样，陶醉在明媚的春光之中。当他的一双慧眼投到泗水之中，望见奔腾的流水时，顿然停步驻足，凝眉沉思起来。跟在他身边的子贡知道，"见大水必观"是老师的一个习惯，但老师由观水悟出了什么人生奥妙是他最想知道的。今天正是好机会。于是他向老师发问：夫子见大水必观，其中必有讲究，愿夫子教我。孔子说：赐啊，你把大家叫来，我给你们讲讲。子贡遵命，赶忙招呼师兄弟们众星捧月般围拢在孔子身旁，孔子见弟子们眼里充满着期待，便清清嗓子，将平时对水的思索一一讲了出来：

它川流不息，且普遍地滋润世间万物却不以为自己有什么恩德，就像君子的德操；它向低处流去，或直或弯，但总是遵循一定的规律，就像君子遵循着义；它浩浩荡荡，奔流不息，就像君子的"道"；它流经百仞深谷而不畏惧，就像君子的勇敢；它达到低洼的地方，必求其水面平坦，就像君子的法度；它保持平坦而不用（外力）概（"概"，古代用斗斛量谷物时用来刮平斗面的工具），就像君子的公正；它柔和而无处不在，就像君子的明察；它自发源处百折不挠地滚滚东流，就像君子的志向；它万物受其洗涤而变得新鲜光洁，就像君子的善于教化。水有如此多高尚的德行，因此君子见到它，必定要观看！

弟子们听完老师的这一番宏论，无不惊诧，在司空见惯的流水中，老师竟能看出如此深奥的道理！老师哪里是在讲水，分明是讲如何立世做人——而水与君子的品德何其相似，难怪他老人家"见大水必观"了！

从上述观水"感言"可以看出，孔子是借以水为比德的载体，描绘了他理想中具备崇高人格的君子形象，涉及德、义、道、勇、法、正、察、志、善化等九德。

如此看来，孔子观水的着眼点不是水的自然之美，而是试图通过水这个介质，架起水之美与人之善之间内在联系的桥梁，以放大"水德"的社会意义和价值，并由此推衍出儒家立身处世的道理和准则。

著名历史学家钱穆先生说："中国古代文化中，天人合一观实是整个中国传统文化思想之归宿。"孔子这种对水的社会化、道德化的认识，正是"天人合一"思想的体现。孔子重视道德教化，他所创立的儒家学说从某种意义上讲就是一种道德学说。而水的许多"内在特质"——"似德""似义""似勇""似法"等，确与儒家的伦理道德有着十分相近之处，因而为孔子和其他智者、君子们所"乐"。于是，孔子便顺理成章地把水的形态和性能与人的性格、意志、知识、道德培养等对接起来。这时，自然之水也就成了体现孔子伦理道德体系的感性形式和观念象征，成了儒家文化的"道德之水""人格之水"。

孔子的这种水之"比德"论对后世影响很大，许多思想家都以这种观念来看待水之内在的美与善（中国古代，美与善同义），津津乐道于"君子比德于水"，计有德、道、仁、义、勇、智、察、贞（包蒙）、善化、正（法）、度、意（志）、力、持平、礼、知命、

明代文嘉《设色山水图》，"仁者乐山，智者乐水"是中国古代文化的代表之句

圣等十七德，无非是取譬于水的静态、动态、流向、功用等等，来比拟君子的各种德操。尽管这种"比德"观念从本质上讲还不是以纯粹的审美心态来观照自然山水，其实质仍是一种功用论——道德功用论，但在中国美学史上，它"第一次揭示了人与自然在广泛的样态上有着某种内在的同形同构从而可以互相感应交流的关系。这种关系正是审美的一种心理特点"（李泽厚、刘纲纪《中国美学史》）。

到了开辟山水审美新境界的魏晋南北朝时期，人们喜欢将水、山等自然之物与人的品德乃至人的感情性格、音容笑貌相比况，盛行"人物品藻"的风尚。据《世说新语》载，卫瓘评价乐广为"人之水镜也，见之若披云雾、睹青天"，以清水和明镜为比喻称赞乐广之见识高明。郭泰赞美黄叔度，称"叔度汪汪，如万顷之陂，澄之不清，扰之不浊，其器深广，难测量矣"，以水之深广形容黄叔度的器量恢弘。

宋朝文学家范仲淹也曾以富春江之美比于东汉著名高士（隐士）严子陵："云山苍苍，江水泱泱，先生之风，山高水长。"人品和山水之美交相辉映，成为千古绝唱。

"浴乎沂"的人生理想

孔子杏坛讲学，与弟子们畅谈人生理想

这是个春光融融、和风熏人的傍晚，上完课，弟子们纷纷离去。杏坛上，只有子路、冉有、公西华、曾皙等几个得意弟子还围坐在孔子身边摆"龙门阵"。夫子兴致颇高，他忽然把这样一个问题抛向身边的几个弟子：你们说说各自将来的打算吧。

子路、冉有、公西华纷纷慷慨陈词，表达了自己"齐家治国"的理想和追求。

子路说：一个拥有千辆兵车的中等国家，夹在两个大国之间，外有强敌，内又发生了饥荒。如果让我去治理，等到三年，就可以让国民人人勇气，个个懂道理。

冉有说：一个小国，如果让我去治理，等到三年，就可以使百姓富足起来。至于国民精神世界的构建，只得另请高明了。

公西华说：我不敢说能干，只能说想学。在宗庙祭祀或者在诸侯会盟的活动中，我愿意穿着礼服、戴着礼帽，充当司仪的角色。

孔子除了对子路的表态"哂之"（含有讥讽意味的微笑）外，对冉有、公西华的表态未置可否，看来也不满意。于是，他把寻问的目光投向了离他稍远、正在鼓瑟的曾点（字皙）。在孔子的众弟子中，曾皙的性格比较狂放。曾皙听到老师叫到他的名字，不慌不忙地停下了弹奏，不紧不慢地说道：我的理想与他们三位所说的不一样。孔子说：没关系，不过是各言己志罢了。于是，曾皙一吐为快：

莫（暮）春者，春服既成，冠者五六人，童子六七人，浴乎沂，风乎舞雩，咏而归。

——《论语·先进》

暮春三月，脱下臃肿的棉衣，穿上轻薄的夹衣，邀五六个成年人、六七个小孩子，结伴到（小）沂河里洗澡，洗够了就登上舞雩台（此处为鲁国祭天求雨的场所，设有高坛，在今曲阜南，遗迹尚在）上吹吹风，玩上一会儿，之后放开嗓门唱着歌回家——这就是我曾某人的理想啊！

年轻时，当我读到曾皙这段表白时，心中暗道：这位曾先生真是个胸无大志之徒。本以为他的这番"没出息"的言论会受到夫子的严厉批评，可是眼光稍稍往下一移，便看到了"吾与点也！"（太好了，我的理想跟曾点一样呀！）这句话。孔子的这个表态，着实让我吃惊令我疑惑，那么要强上进的夫子，那么生命不息、奋斗不止的夫子，怎么会赞同曾点的观点呢？我真是搞不懂！

接近不惑之年后，当我不断重温这段话，终于明白了蕴含其中的深意：往大了说，曾皙所描绘的从容潇洒的生活境界，正是孔子无限憧憬和孜孜追求之"大同"世界应有的景象，也只有天下太平，社会安定，国家富强，百姓丰衣足食，才会有"浴乎沂，风乎舞雩"的闲情逸致。往小了说，亲近山水自然，与其水乳交融，合为一体，正是儒者"天人合一"理想的体现。一方面,在孔子看来,在家乡的沂河中与水相亲,优哉游哉,那是生活中不可缺少的乐事。另一方面,"儒有澡身而沐德"(《大学》)——沐浴还具有修身正心、塑造人格的象征意义。孔子生活的年代,是个礼崩乐坏、污秽纵横的社会,尘世俗务不但会使肉体蒙尘,而且更会让人的心灵蒙垢。所以,孔子十分乐意投入水的怀抱,以洗去身心的污尘,让身体洁净清爽,让心灵保持纯正,让精神得到焕发。这样一番美妙的景致,孔子当然会"叹息而深许之"了。

"逝者如斯"的千古一叹

说到孔子和他创立的儒家文化,不能不提一条河——泗水(今称泗河)。因为,孔子生于泗水之滨,长于泗水之畔,创立儒家学说在"洙泗之间",仙逝后也葬于鲁城之北的"泗上"。可以说,孔子是泗水的儿子,泗水的乳汁哺育了他,泗水的涛声激励了他,泗水的波光启迪了他。孔子还有一句大家耳熟能详的名言:"逝者如斯夫,不舍昼夜"。一般认为,这里的川,指的就是泗水。

泗水是怎样的一条河呢?

古泗水有二源,一为泗水县东泉林镇的陪尾山,一为鲁中新泰市南太平顶西麓。据《禹贡》、《博物志》、《括地志》等典籍记载,泗水源出泗水县陪尾山,山下有趵突、响水、洗钵、红石四泉并发,汇流成河,故称泗水。可见,泗水取义于"四源并发",而"泗出陪尾"的说法历史最悠久,影响最广泛。而泗水(今称泗河)源出于新泰县太平顶西麓的说法,始于晚近,主要是按照"河源惟远"的原则认定的。

陪尾山观川亭石碑

"泗出陪尾"后,西流至曲阜,再掉头向南,经兖州、邹城、济宁、鱼台、沛县,至徐州东北与汴河相会,折向东南流,经江苏睢宁(下邳)、宿迁等地(先后纳沂河、沭河、濉河),至淮阴西(今码头镇一带)入淮河,全长千余公里。南宋建炎二年(1128年),东京(今河南开封)杜充为阻止金兵南下,扒开黄河大堤,以水代兵,使黄河改道南徙,先侵泗再夺淮入海。由于黄河泥沙的淤积，泗水下游河段逐渐成为地上悬河，加上人为因素的影响，导致现在的泗河仅剩下源头至微山县鲁桥镇入南四湖间的一段。

泗水虽然比不上黄河、长江那样长、那样大，但作为"海岱名川"，源远流长、浩浩荡荡还是称得上的；泗水（流域）作为东夷文化的摇篮和儒家文化的发祥地，给它奉上一顶"历史之河、文化之河"的桂冠也是当之无愧的。

问题是，孔子"观川"于何处，他老人家没有说，典籍中也没有确切记载。以孔子主要生活在鲁国，因而所观之川似应在曲阜一带，如泗水、洙水和沂水（为别于临沂地区的沂河，今名小沂河）等。但孔子周游列国，去过东周都城洛阳，见过伊水、洛水、瀍水、涧水；去过齐国，见过淄水、渑水；去过卫国，见过黄河，这些河都有可能是孔子"观川"的对象。

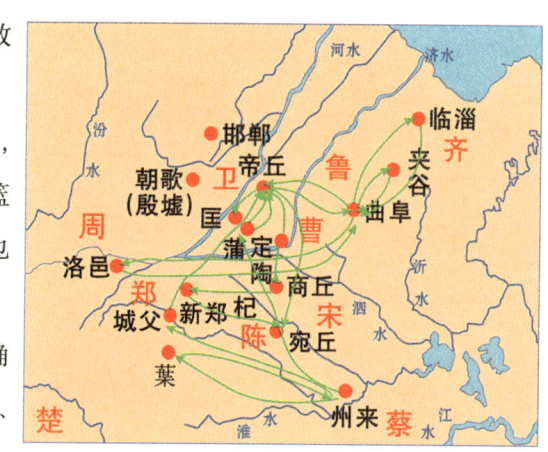
孔子周游列国路线图

我曾多次到孔子的故乡拜访，并执意要寻找"子在川上"的地方。当地的一位文史专家告诉我，孔子"观川"之处众说纷纭，泗水泉林、尼山孔庙、徐州吕梁山（位于徐州市东南25公里处），都可能是"孔子观川处"。

细查这些地方，还真与泗水有关。

泗水泉林，在今泗水县东陪尾山麓，为泗水源头区，因清泉遍布，密如树林而得名。此地"名泉七十二，大泉数十，小泉多如牛毛"。泉水涌珠喷玉，五步成河，百步成溪，溪中青翠的水草，随波招摇，风姿绰约，如绘如织。泉林在春秋时期属鲁国卞邑，距鲁国都城曲阜不过几十里的路程，孔子带领弟子们来此观泉赏水，应该不难。如今，陪尾山下有一座红柱支撑、黄玻璃瓦覆顶的"观川亭"，亭边立有一通石碑，碑上刻有"子在川上处"五个大字，出自清乾隆皇帝之手。这些"圣迹"似乎都告诉探访者，这里就是当年孔夫子观川叹水的地方。可转念一想，问题便出来了：这里毕竟是泗水的源头，没有大河波翻浪涌、汹涌澎湃的气势，孔子在此观水，发出"逝者如斯夫，不舍昼夜"的喟叹，可能性值得怀疑。

再说徐州吕梁山。古泗水在徐州城东北与西来的汴水相会后继续向东南流，到了徐州境，因受山体的逼夹，形成秦梁洪、徐州洪（百步洪）、吕梁洪三处急流险滩。洪是当地方言，石阻河流为洪。"三洪之险闻于天下"，其中"悬涛奔崩，实为泗险"的吕梁洪（又分为上洪和下洪，相距七里）最为奇险壮观。"吕梁在彭城（徐州）东南五十七里，盖泗水至吕梁县积石为梁也"（李吉甫《元和郡县志》）。西周时，这里属吕国；春秋时，吕国被宋国兼并，这里成了宋国的地盘。列子、庄子著文称，孔子周游列国时，曾率弟子驻足吕梁凤冠山观洪，见"县（悬）水三十仞，流沫四十里"（《庄子·达生》）的急流中有一位汉子沉浮自如，便向他请教"蹈水之道"。那汉子便讲了一番"循自然本性，随心所欲生活"的道理，让孔子很受启发。后人根据上述记载，又认定孔子在吕梁观洪时发出了"逝者如斯夫，不舍昼夜"的浩叹。唐以后，人们又在凤冠山上修建了川上书院、观道亭、观澜亭、孔庙、孔子晒书台等，以示纪念。

其实，孔子在吕梁观洪，除了《列子·黄帝》《庄子·达生》有记载外，先秦典籍中再无只言片语。但列、庄是以孔子为代言人，讲自家的寓言故事，不能算信史。他们姑妄言之，我们姑妄听之。

坐落于尼山孔庙东南的观川亭，据说最可能是孔子发出"逝者如斯夫，不舍昼夜"千古一叹的地方。说起这座观川亭的来历，得先交待一下尼山与孔子的关系。

位于曲阜东南约30公里的尼山，海拔不过340余米，山上五峰连崂，唯中峰称尼山（当时属鲁国昌平乡陬邑）。此山原名尼丘山，因讳孔子名"丘"，易名"尼山"。孔子，名丘，字仲尼，可见，圣人的名字与尼山有着不解之缘。自后周显德年间开建尼山孔庙之先河，后世竞相在尼山东麓大兴土木，形成圣人祠庙、尼山书院、观川亭等人文景观。尼山风景秀丽，山上林木茂密，洞壑幽深，加之隐于尼山主峰东麓苍松翠柏中的尼山孔庙建筑群，更为这座山打上了浓重的文化烙印。但即使如此，我也坚信，倘若这山不是沾了孔夫子的光，肯定是座无名小山，这正印证了那句老话，"山不在高，有仙则名"。

孔庙东南隅，建有一座四角凉亭，亭上悬竖匾一方，上书"观川亭"三个隶体金字。此亭始建于至元四年（1338年），亭下悬崖间便是流淌千年清流不息的小沂河。站在孔子当年曾经停留的地方，我凝眸远眺，思接千载，仿佛回到了2500年前，看到夕阳下一位白发老者临川高吟:"逝者如斯夫,不舍昼夜!"

我认为,这样一句经典的"语录",当是饱经沧桑而又充满大智慧的孔子晚年通过长期对水观察和人生感悟的结晶。孔子68岁时,结束了14年周游列国的生活,返回鲁国,专心于育才和整理古籍工作。回到鲁国后不久,孔子在子贡、曾参、子游等弟子陪伴下回到自己的故乡陬邑,登临尼山。时值暮秋,夕阳西下时,孔子师徒尽兴下山,来到后世所称的"观川亭"处,停步小憩。俯瞰山下,孔子忽然睁大了那双饱经沧桑的慧眼。众弟子顺着老师的目光望去,但见山下那条大河正浸在金红的残照里奔流着。孔子久久凝视着这万古奔腾的河水,陷入沉思冥想中。忽然,他指着山下滔滔奔涌的河水,开口说道:"逝者如斯夫,不舍昼夜!"像是自言自语,又像是说给弟子们,又像是说给尼山和周围的花草树木们。

孔子凝望小沂河发出"逝者如斯夫"的感叹

收回思绪,我把探寻的目光投向了观川亭边的崖下,但见眼前的小沂河河床很宽,水流却细、浅、缓,以此河为"逝者如斯"的参照物,时光仿佛也变慢了。我知道,这股潺潺细流如果放在2500年前,孔子断不会发出"逝者如斯夫"的浩叹;我也知道,当年浩荡咆哮的河水如今却不得不静悄悄地流淌,这并不是奔流千万年走得疲惫的缘故,而是上游的尼山水库(位于曲阜东南尼山镇泗河支流小沂河上游,库容1.12亿立方米,又称圣水湖、孔子湖)阻挡住了她汪洋恣肆的脚步。不过,这并不能阻挡住我思考和穿越的脚步。依稀间,垂暮之年的孔子独自站在寒秋中的"观川亭"前,面对滔滔的河水,沉湎于对过去的怀想之中:逝者如斯!回首逝去的人生岁月,虽然充满坎坷和无奈,但扪心自问,不敢虚掷光阴,每天都在修养自己的道德情操,探求人生的光明大道,同时把体悟于心的道理,尽最大努力推广开去——"知其不可为而为之"!尽管仁政、王道的政治理想在当世没能很好地实践下去,但吾坚信,人间正道会向流水一样永不止息地传承下去。天行健,君子以自强不息。现在,吾已进入桑榆暮景,来日不多了,要抓紧教书育人，整理古代典籍，以泽被后世……

在人生的暮年，白发苍苍的孔子在与时间赛跑，一面以极大的热情倾注于教育事业，传道授业；一面不辞劳苦整理古代文献——编纂《诗》《书》修订《礼》《乐》，注释《易》，笔削《春秋》，使"六经"等典籍得以千古流传。

"逝者如斯夫，不舍昼夜"，到底怎么理解呢？后世不少人都在用自己的言行表达着对这句话的领悟：

——"百川东到海，何时复西归。少壮不努力，老大徒伤悲"（《乐府诗集》卷三十），这是汉代一位无名长者写的诗，以光阴如东流之水一般永不回头，来劝谕年轻一辈要珍惜青春，发奋努力，有所作为。

——"对酒当歌，人生几何，譬如朝露，去日苦多"（曹操《短歌行》），这是一代枭雄曹操面对飞逝的时光，发出了人生苦短、功业未成的感慨。

——"自信人生二百年，会当水击三千里"（毛泽东《〈沁园春·长沙〉注》），这是毛泽东对"逝者如斯夫"的解读，表现的则是一种奋发进取、自强不息的人生态度。

——物质运动犹如流水，是在空间进行的，而这种运动的不舍昼夜、永不停息，又是它的时间表现形式。孔子不仅朴素地认识到一切物质都处于运动中，而且以川流不息的水为喻体，说明了运动与时间、空间的关系。而运动主体是流水一般客观存在的物质，这种物质的运动，是自然而然的，一切由物质的天性所决定。这是哲学家李泽厚眼里的"逝者如斯"，充满了哲学的意味。

上述关于"逝者如斯"的解读，我认为毛泽东的那两句话最富于进取精神，也最契合孔子的本意。的确，时光如流水一样一去不复返，青春终会老去，万事万物都将成为流水般的匆匆过客。面对短暂的人生之旅，作为天地间渺小如草芥的人又该怎样度过这一生呢？孔子是让我们效法滔滔东流之水不舍昼夜、勇迈古今之不断进取的精神，努力以有限的生命之水融注于无限的人生事业之河。在这方面，孔子本身也为我们树立了光辉的榜样，尽管怀瑾握瑜的他为了弘扬儒家之道四处碰壁，但依然如奔流的川水一样执着地、义无反顾地追求着人生的"正道"。

清浊自取的人生态度

孔子既是一位学问家，又是一位道德高尚的人，他的弟子们对他的仰慕崇拜就像小溪对江海一般。

子贡是孔子最得意的高徒之一。尽管孔子对子贡的评价远不如他最得意的门生颜回，但平心而论，子贡应是孔门七十二贤中才智和能力最杰出者，他的影响之大、作用之巨，在孔门弟子中无人能匹。子贡是言语科的佼佼者，雄辩滔滔，"利口巧辩，孔子常黜其辩"，看来孔子有时也说不过他，只好让他缄口闭嘴。子贡是出色的外交家，出使于外，诸侯"无不分庭与之抗礼"，接待规格之高令人咋舌。子贡是商界奇才，善于经营，"与时转货资……家累千金"，为中华儒商的鼻祖，倘若不是子贡生财有道，并不时拿出钱财来接济老师，孔子师徒饿肚皮的日子一定不少。子贡还是个重情重义的人，孔子逝世后，其他弟子在墓前守孝三年便纷纷离去，唯他在孔子墓旁"结庐守墓"，一守就是六年，足见其对老师的感情超乎寻常。

据《韩诗外传》记载，有一次齐景公问子贡：孔子是怎样一位贤人？子贡说：岂止是个贤人，简直就是圣人。为什么尊崇孔子为圣人呢？子贡给出的解释是："若臣之事仲尼，譬犹渴操壶勺，就江海而饮之，腹满而去，又安知江海之深乎！"老师的道德学问，犹如大江大海一般博大深沉，不可穷竭。我子贡与老师比起来，就像一壶或一勺水面对江海一样，差得太远了，简直不值得一提。

孔子的"乐水"，有时还借水来表达他的人生态度。有一首人们耳熟能详的歌谣，叫《沧浪歌》，早在春秋时就已广为传唱。孟子著作中这样记载孔子对这首歌的看法的：

有孺子歌曰："沧浪之水清兮，可以濯我缨；沧浪之水浊兮，可以濯我足。"孔子曰："小子听之！清斯濯缨，浊斯濯足，自取之也。"

——《孟子·离娄》

据说，这是孔子率弟子周游列国时，在楚国的汉水上游听到的一首儿歌。显然，这首儿歌并不简单，它是告诉人们立身处世之道的。前一句"沧浪之水清兮，可以濯我缨"，无疑是劝人积极进取的——"水清"，是治世的象征，而"濯我缨"（缨代指官帽），则

孔子周游列国偶听楚国汉水一带儿歌,深悟处世之道

是出来做官治国平天下的意思。后一句"沧浪之水浊兮,可以濯我足",则是劝人隐居的——"水浊",是乱世的象征,而"濯我足",则是隐居不出的意思。孔子听了这首"孺子歌"后,深受触动,对众弟子们说:是洗高贵的帽带,还是洗污秽的双脚,取决于河水清澈或污浊。言外之意则是:"君子处世,遇治则仕,遇乱则隐。"(《汉书新注》)——当天下太平、国家治理得好时就去做官,当天下大乱、乱臣贼子当道时就去隐居。

耐人寻味的是,孔子的"乐水",偶尔也把失意之情寄托于水波之上——"道不行,乘桴浮于海"(《论语·公冶长》)。仁政之道不能推行于天下,我干脆驾着一个小木筏子到海上隐居算了!

孔子虽然如是说,但身逢乱世的他,却一直没有当一名旁观者、隐居者,而是以积极进取精神,力求用"仁"改造社会,改变人心。比如,孔子一直主张"学而优则仕"(《论语·子张》),他本人为了实现仁政的抱负和理想,一直渴望做官,曾放言如果有人用他治国,"期月而已可也,三年有成"(《论语·子路》)——只要让我出山,保证会一年初见成效,三年大见成效。

然而,理想很丰满,现实很骨感。孔子的学说特别是他的政治主张并不受当时统治者的待见。何以见得?鲁定公十三年(公元前497年),55岁的孔子见鲁国政治日趋腐败,觉得大道难行,便辞去大司寇之职,离开鲁国,率领众门徒周游列国,然而,满怀传道救世理想的他等来的却是颠沛流离和终不见用。孔子去鲁总计14年,到过卫、曹、宋、郑、陈、蔡、楚等七个诸侯国。所到之处,或被人当成了"尊贤"的摆设(如卫国),或穷困潦倒于途(如绝粮陈、蔡,受困匡、蒲),或被人冷嘲热讽(如长沮、桀溺、接舆等隐士对孔子积极入世的行为颇不以为然),如此"累累若丧家之狗"的境遇,怎能不令夫子黯然神伤,满腔悲愤,终于不平则鸣,喊出了"道不行,乘桴浮于海"的巨大牢骚。

事实上,孔子骨子里绝不想真的隐逸在苍茫的大海之上,过道家所谓的"逍遥游"的生活。这牢骚不过是他老人家"干七十余君无所遇"(《汉书·儒林传》)的激愤之言,饱含着对现实的强烈不满和愤懑,饱含着难以名状的辛酸与无奈。尽管"道之不行,已知之矣",尽管前方的路,关山重重,荆棘多多,孔子仍然没有放弃自己的信念,始终坚定不移地向前挪动,"知其不可而为之"。

不过,孔子的这句牢骚话却为后世宦海沉浮者指示了一个基本的行为方向,即当仕途失意时,就想"乘桴浮于海",归隐泉林,担风袖月,梅妻鹤子。然而,又有几人真能做到绝弃尘缘呢?比如,唐武则天时,大臣张说被罢官流配至钦州(今广西境内),面对波涛茫茫的大海,发出的是"乘桴入南海,海旷不可临"(《入海二首》)的悲叹。再如,北宋时,苏东坡因"乌台诗案"谪居黄州(今湖北黄冈),一度想摆脱尘世的纷扰,"小舟从此逝,江海寄余生"(《临江仙·夜归临皋》),但同样不过说说而已。看来,如果不是真心想做隐士,仕途失意的悲情靠水波是抹不平的。

不饮盗泉之水

圣人之所以成为圣人,体现在人格的高尚,意志的坚定等方面,非凡人所及。有一则孔子"过於盗泉,渴矣而不饮,恶其名也"(《尸子》)的故事,启示着我们洁身自好要从小事做起,砥砺日久便可臻于至善至美。

盗泉,古泉名,故址在今山东泗水县东北,即今新泰市石莱乡道泉峪村(古属泗水县)。相传当年孔子率众弟子出游布道,一个烈日炎炎的夏日,大家走得挥汗如雨,口渴难耐。忽见前面有一座小山,山前一股清泉正在汩汩涌冒,许多人都在泉旁解渴纳凉。真是天无绝人之路,众弟子见状大喜,纷纷奔向那泉,一个弟子自己没顾上喝,先盛来一碗清泉孝敬老师。孔子接过水碗送向嘴边,忽然想起什么,便问身边老乡这泉的名字,老乡说:这泉啊,叫盗泉。孔子闻听此言,脸色陡变,猛地把水往地上一泼,命令弟子继续赶路。众弟子大惑不解,问其故。孔子说:我不喝这泉水,是因为厌恶这泉的名字,志士不饮盗泉之水,廉者不受嗟来之食。

本来,盗泉的"盗"字,不过是泉的名字而已,实则与"盗"字毫无干系,渴饮其水,本无不可,但孔子是真君子,心性极高,对自己的荣誉十分珍惜,容不得一丝一毫的玷污与亵渎。他老人家之所以不饮盗泉之水,是怕喝了"盗泉"之水,便与"盗"有了瓜葛——盗者,君子所不耻也!

孔子"渴不饮盗泉",这个故事千百年来已经家喻户晓;孔子这种"拒腐蚀永不沾"的做法,同样为后世所推崇:

——"曾子立廉,不饮盗泉"(《淮南子·说林训》);

——"志士不饮盗泉之水"(《后汉书·列女传》);

——"回车避朝歌,掩口去盗泉"(李白《赠宣城宇文太守兼呈崔侍御》);

——"不饮盗泉水,愁闻吴市箫"(白蕉《江浦》);

——今人奉"盗泉之水"为成语,用来比喻以不正当的手段得来的东西。

不过,也有对此不以为然者,东晋的吴隐之就是其中一位。当年,吴隐之受命到岭南广州任地方官。来到广州,有人说此地有一眼"贪泉",饮之贪得无厌。吴隐之毫不介意,舀水饮之。任职期间，吴隐之清正廉洁，惩治贪腐，上下肃然，颂声一片。这件事给我们的启示是：无贪欲者饮"贪泉"不贪，贪欲者不饮"贪泉"也贪，贪与不贪，取决于心性与操守。

今人思想解放，对"渴不饮盗泉"非但不以为然，反而提出疑义。有人作《盗泉》诗就表达了这种情绪：

路有孤行者，迷途荒漠间。七日不见水，舌干口生烟。远望绿荫起，近闻人马喧。跟跄滚爬近，绝处逢生涓。掬流言欲饮，耳闻水名传。廉者不食嗟，志士远盗泉！终为干渴毙，人间留笑谈。腐儒尽称颂，吾谓大不然。同为地脉水，恶名谁人传？贪廉一念起，人兽两心肝。浊流穿胸过，正气尚凛然。清者自然清，贪鄙终究贪。……

那意思再明显不过，如果盗泉之水是用来救命的，为什么不能喝？难道渴死保节贪图虚名才算对？！

我要说的是，请不要曲解孔子"渴不饮盗泉"的意思，他老人家强调的实质是精神气节问题：坚守节操，不污其行！

孔子不饮盗泉之水，实则强调精神气节

长眠于泗上

"圣人门前水倒流"，这是孔子家乡曲阜水系的一个突出特点。受西北高东南低地势的影响，我国的河流大多是"一江春水向东流"。但环绕曲阜一带的河流，却反其道而行之——从东向西流。曲阜当地的民间传说对这种现象给出的解释是：孔子有一个弟子，是东海龙王的三太子，他幻化成人形拜孔子为师。孔子的仁政思想深深打动了三太子，他立志要为百姓多做好事。有一年，曲阜大旱，三太子背着玉皇大帝降下甘霖解除了这里的旱渴，自己却因触犯天条而被玉帝处死于曲阜之东，但他依然拼命向西边的庄稼地吐着雨水，于是，便形成了这里水向西流的状况。其实，这不过是人们的一种理想化的想象，真正的原因应该是曲阜三面（北、东、南）环山，一面（西）平川，西面最低，水往西流，这是当地的地形地貌使然。

对于曲阜水向西流的独特现象，当地人颇为得意。古语云：门前水倒流，富贵没有头。这样看来，孔子故里分明就是风水宝地。事实也如此，这里不但孕育了伟大的思想家、教育家孔子，诞生了伟大的儒学，成为中华文化的圣地，而且孔子不断受到帝王们的尊崇和追封加谥，先后有12位皇帝20余次亲至曲阜朝拜孔庙、孔林，祭祀的孔庙，也由最初的"庙屋三间"发展到现在的占地近330亩，殿、阁、坛、祠、堂、庑、亭等466间。与此同时，孔子的后代也备受荣耀，宋以后其嫡系后裔一直世袭衍圣公，所居孔府，占地240亩，有厅、堂、楼、房463间，成为名副其实的"天下第一家"。

位于山东曲阜的孔林

孔子生前乐水，死后仍依恋着河川。孔子仙逝后，弟子们把他葬于鲁国故城（曲阜）之北、泗水的南岸。随着孔子地位的日益提高，孔林的规模越来越大，围墙越来越高。今之孔林，占地3000余亩，四周围墙长达15里。孔林二门内有条小河蜿蜒而过，名曰"洙水"，因流于孔子墓前，与"圣脉"关系重大，故被后世称为"灵源无穷，宜与天地共长久"的"圣水"。

曲阜孔林二门内有洙水河流过，河上架有洙水桥

说起这条洙水河，还有一段不同寻常的来历。据说孔子73岁那年，预感到大限已到，为了给自己找到一块上佳的安息之地，便带领众弟子勘选墓址，并最终在曲阜城北泗水之滨，圈下了一块占地18亩的墓园。尽管孔子认可了这块永久栖身之地，可弟子子路仍嫌这里美中不足：此地虽好，可墓前尚缺一条河，对子孙后代不利。孔子说：不必忙，自有秦人来挑河。弟子们虽不解其意，但老师既然说了，肯定不会错。果然，过了270多年，秦始皇焚书坑儒，有人向他建议，要想让儒学断脉绝根，必须把儒家祖师爷孔子的"阴宅"风水破坏掉。孔林中没有河，如果在孔子墓地南面开一道河，将他的阴宅和阙里的阳宅隔断，孔子就不能显灵了，他开创的

儒家学说也会随之败亡。秦始皇闻听此言，觉得有理，便命人在孔子墓地南面挑了一道河，即洙水河。于是乎，阴错阳差，不但完成了孔子墓的最后一道工程，也为孔林平添了一道风景。洙水河虽小，却像一条玉带系在孔林腰间。自此以后，孔子后代代代繁衍，人丁兴旺，并享受着历代帝王赐予的高官厚禄。

毋庸讳言，这则故事不过是好事者的附会和演义。一则是想给被奉于高高圣坛之上的孔子锦上添花，再给他戴上"前知五百年，后知五百载"的神圣光环；一则是想让秦始皇弄巧成拙，以表达对他焚书坑儒的强烈不满。

其实，流经孔林前的洙水，本是一条天然的小河，源出曲阜故城东北五里"五泉庄"（此地五泉并涌，汇流成河，为洙水之源），西流南折合于沂（小沂河）后入泗水。此洙水亦《春秋》中庄公九年"冬浚洙"的洙水，也是当年孔子聚徒讲学洙泗间的洙水。

孔子设教讲学地——洙泗书院

周初，周文王第四子姬旦即后世所称周公受封于鲁，因他要留在镐京（今西安长安区西北）辅佐年幼的成王，遂让长子伯禽代其就封，建都于曲阜。出于防御的需要，在修筑城垣时，又开濠绕城，形成又一道屏障。为了减少工程量，又巧妙地利用洙水兼作城北、城西的护城河。鲁庄公九年冬，"浚洙"，即挖深鲁国都城北部、西部的护城河，以防备齐国的侵犯。

洙水与泗水之间，有一座著名的书院——洙泗书院，因"泗水带其北，洙水经其南"（《阙里志》），故名。洙泗书院原名孔子讲堂，是孔子当年讲学论道的地方，后成为纪念和祭祀孔子的场所。孔子周游列国归来后，曾在这里设教讲学，并删诗书，定礼乐，整理古籍。后来"洙泗"成为儒学的代名词。南宋爱国词人张孝祥的《六州歌头》说："洙泗上，弦歌地，亦膻腥。"以"洙泗"代表中原和儒家文化，为的是激发人们的爱国热忱。

第二章

人性之善也，犹水之就下也——孟子与水

孟子作为"亚圣",尽管他不是孔子的门徒,只是私淑弟子,但"道阐尼山",学说无疑根植于孔子之道。不过,孔孟还是有差别的,比如孟子远比孔子善辩。孔子提出君子要"敏于行而讷于言"(其实孔子一生也没少说话,一部《论语》就是他讲话精华部分的集成),但孟子却对先师的这句教诲没有入脑入心,他既敏于行,更善于言——他的文章说理畅达,气势充沛并长于论辩。为了写这篇文章,我又一次拜读了孟子的"七篇遗矩"。抛开其内容不说,我发现,孟子的辩才真是举世无双,他口若悬河,雄辩滔滔,激情澎湃,犹如江河奔涌,浩浩荡荡,一泻千里,令人折服。大概是怕别人说他善辩,孟子还专门解释说:"予岂好辩哉,予不得已也。"(《滕文公下》)我哪儿是好辩啊,我是不得已才这样做的。

如同孔孟之道一脉相承一样,孔孟的"爱水情结"也是一脉相承。或是受孔子的影响,或是孟子本人对生命之源的水怀有特别的感情,孟子对水的观察、思考和由水而感悟人生、阐发事理的程度毫不逊于孔子,他把儒家的"文化之水"推向了新的高度。

孟子画像

观水有术,必观其澜

为实现自己的仁政理想,孟子也效法孔子周游列国,不过他对所"游"国家远比孔子挑剔。孟子对齐国最为看中,两次游齐,先后长达三十年之久。当时,齐国是东方大国,也是天下海岸线最长的国家,首都临淄东北百余里处便是大海。我想,游齐时,乐水的孟子一定不会拒绝大海的召唤,一定会不止一次地来到齐国的海滨观澜听涛。众所周知,在先秦诸子中,孟子是位心气极高、傲骨铮铮的奇男子,他曾公开宣称:"万物皆备于我。"

(《孟子·尽心上》)"如欲平治天下，当今之世，舍我其谁！"(《孟子·公孙丑下》)。不过，大丈夫气概十足的孟子，第一次真切地看到浩瀚无垠的大海时，也不能不"矮了三分"（何止三分！）。何以见得？晚年，孟子回到故乡邹邑（今山东邹城），"退而与万章之徒"著书立说时，字里行间中便表现出对大海的由衷敬畏："孔子登东山而小鲁，登泰山而小天下，故观于海者难为水，游于圣人之门者难为言。"(《孟子·尽心上》)泰山雄伟，峻极于天，登上去天下都变小了；沧海浩瀚，横无际涯，看过之后其他小河小湖的水就没有什么看头了。所以，登山就要登泰山，观水就要观海水，做学问就要做于圣人之门，这样才会拓展胸襟，提升境界，增广知识。

一千多年后，唐代有个叫元稹的诗人借用孟子"观于海者难为水"的话，化为《离思五首·其四》中的诗句："曾经沧海难为水，除却巫山不是云。取次花丛懒回顾，半缘修道半缘君。"前两句为千古绝唱，意思是说，见识过无比深广的沧海的人，别处的水再也难以吸引他；除了纯洁美丽的巫山之云，别处的云都黯然失色。诗中以沧海之水和巫山之云隐喻爱情的深广笃厚，见过大海之水、巫山之云，别处的水和云就难以看上眼了，除了诗人所思念、钟爱的女子，再也没有能打动心弦的"她"了。

后来"曾经沧海难为水"又演化为"曾经沧海"这一经典的成语。

在孟子眼里，大海之所以波澜汹涌，是因为其本身的浩淼无垠所致。故孟子又说："观水有术，必观其澜"，观赏水也是有"窍门"的，就是一定要观赏它翻卷的波澜——由波澜之壮观，可以想见本体之深广。我以为，"观水有术"的孟子，对水的认知是别具慧眼的，因为他心目中的水，已不仅有"善"的品质，而且具有"悦目"的审美意味了——"澜者，大波浪也"，本身就是水之美的一个雄壮乐章。当然，孟子的"必观其澜"，其主旨仍不是激赏水的自然之美，而重在其"比德"的功用，即强调要从水的自然形态和功能中寻觅和挖掘出对人生对社会的深切体验和认识。于是，孟子话锋一转，接着说道："流水之为物也，不盈科不行；君子之志于道也，不成章不达。"(《孟子·尽心上》)孟子称赞水具有"不盈科（坎，即坑洼）不行"的品性——流水不放过任何坑坑洼洼，不把它们填满便不会向前流，这种脚踏实地、循序渐进的品格，正是立志行道的君子所应追慕效法的。

盈科而后进,是流水的品质和追求;成章而后达,是求学和做人的标准和境界。

又有一次,孟子的弟子徐子请教孟子:"仲尼亟称于水,曰:水哉,水哉!何取于水也?"(孔夫子多次称赞水,水有什么可取之处呢?)孟子沉思后给出了这样的答案:

源泉混混,不舍昼夜,盈科而后进,放乎四海。有本者如是,是之取尔,苟为无本,七八月之间雨集,沟浍皆盈,其涸也,可立而待也。故声闻过情,君子耻之。

——《孟子·离娄下》

这里,孟子特别强调了"有源之水"的重要性,指出:只有有源之水,才能不舍昼夜,奔流不息;而无源(无本)之水,即使在某一时段因雨水骤至而河满沟溢,但时令一过,干涸也就随之而来。对孟子这段话,南宋理学家朱熹在《四书集注》中是这样诠释的:"水有原本,不已而渐进以至于海,如人有实行,则亦不已而渐进以至于极也。"由此观之,孟子这番议论是借水性表现君子立身修道的经历:一是君子要像有源之水那样立于儒家之道这个根本上,才能获得取之不尽、用之不竭的动力源泉。二是水之"不舍昼夜,盈

孟子强调,只有有源之水,才能不舍昼夜,奔流不息。借此以喻君子立身修道的经历

科而后进"的特点,正与君子锲而不舍的修道过程相似。既有充盈的本源,又能坚持不懈,努力躬行,才会臻于道德学问的化境。

人之性善,犹水就下

性善论是孟子对儒学的一大贡献。"孟子道性善,言必称尧舜"(《孟子·滕文公上》);"圣人与我同类","人皆可以为尧舜"(《孟子·告子下》)。

人性问题,早在春秋时就已出现,并逐渐成为先秦思想家们津津乐道的一个重大命题。孔子认为"性相近,习相远"(只是说人性之初大致相近,并未做善恶之分),法家认为"性好利",荀子认为"性恶,其善者伪也",告子认为"性无善无不善",等等。

孟子别开思路，提出了性善说，并从人性的角度为"仁政"思想找到了本体论的依据。

孟子为构建他的"性善大厦"，可以说绞尽了脑汁，用尽了心智。他指出："恻隐之心，人皆有之；羞恶之心，人皆有之；恭敬之心，人皆有之；是非之心，人皆有人。恻隐之心，仁也；羞恶之心，义也；恭敬之心，礼也；是非之心，智也。仁、义、礼、智，非由外铄我也，我固有之也，弗思耳矣。"（《孟子·告子上》）

在孟子性善说的体系中，突出了孔子伦理体系中的仁、义、礼、智，他把这四者与人性善的思想有机地结合起来，认为人生下来就具有的恻隐之心、羞恶之心、辞让之心、是非之心，是仁、义、礼、智这四大伦理道德范畴的根芽，即"四端"。与此同时，孟子还认为人的善性是本性中所固有的，是天赋的"良知""良能"，而不是外在影响、教育的结果，进而得出了"圣人与我同类""人皆可以为尧舜"的结论。至于圣人与普通人的区别，孟子认为圣人之所以为圣，是由于"圣人先得我心之所同然耳"——圣人只不过先把人人都具备的"善端"加以扩充而已。他以自然界中的水、火为喻，阐述道："凡有四端于我者，知皆扩而完之矣，若火之始燃，泉之始达。"（《孟子·公孙丑上》）意思是说，凡是能保有这"四端"的，知道把它扩充开来，就会像火燃烧起来那样不可扑灭，就会像泉水汩汩喷涌那样无法遏止。

孟子性善论的思想一提出，便引发了激烈的争论。于是，大千世界普遍存在的水，便被睿智的孟子拿来作为论证性善、反击论敌的有力武器。以水为载体，阐发性善，可称孟子性善说的一个鲜明特点。

这天，游历天下的告子来到邹邑拜访孟子。孟子知道告子是个"兼治儒墨之道"的大学者（告子本身没有著作流传，他的学说仅有一鳞片甲隐于《孟子·告子》中），对他非常敬重，不但设宴款待，陪其游峄山、观泗水，更与之热烈地探讨关于社会人生的学问。二人惺惺相惜，虽不乏共同语言，但看法相左的地方也不少，故交谈中时常"夹枪带棒"，争辩最多也激烈的便是人性问题。

这是一场智者之间的交锋和对话，激烈无比，锋芒毕露。有趣的是，他们都喜欢拿水来"说事"。

告子的论点是："生之谓性（生来如此就是性）"，"食色，性也"。顺便提出的是，不知为什么，现在许多人喜欢引用"食色，性也"这句话，却把此话的发明权安在了孔子头上，张冠李戴，浑然不知，孰不知这是告子的名言！我想，倘若告子能活到今天，一定会为这句话的"版权"打官司的。在告子看来，人与生俱来的本性本无善恶之分，外在条件和环境对"善与不善"起着至关重要的导向作用，导向善则向善，导向恶则趋恶。告子以水为喻，说："性，犹湍水也，决诸东方则东流，决诸西方则西流。人性之无分善与不善也，犹水之无分于东西也。"告子以决堤之水的流向为喻，认为人性有如湍急的流水，从东方决口则奔流向东，从西方决口则奔流向西。人性本来无所谓善，正像水本来无所谓东西一样。

告子的一番议论，当然难合孟子之意，他同样以水为喻，批驳告子：

孟子、告子辩论以水为喻

水信无分于东西，无分于上下乎？人性之善也，犹水之就下也。人无有不善，水无有不下。今夫水，搏而跃之，可使过颡；激而行之，可使在山，是岂水之性哉？其势则然也。人之可使为善，其性亦犹是也。

——《孟子·告子上》

在孟子看来，水虽然无法自行选择东西的流向，却必定自上流于下，人性之向善，正如水之就下，是自然之势。人可以搏击或阻遏水流，使之跃起甚至倒流上山，但水的本性绝不是上流。人性如水，向善如水往低处流，是自然而然的事。人之做坏事施恶行，与本性无关，犹水之过颡、在山，实乃"搏"、"击"所致。

孟子真是善辩，就地取材，操斧伐柯，以其人之道，还施彼身，让人不能不心折。但气壮如牛、能言善辩不等于真理就掌握在自己的手里。抛开人性善或恶这一论题先不说，推敲起来，孟子这个比喻本身就有问题，水永远向下，只能比喻人性有一种固定的趋向，可以证其善，也可以证其恶。现在我们套用孟子的话，改"善"为"恶"，这一比喻同样能成立：人性之恶也，犹水之就下也。人无有不恶，水无有不下。反观告子以水为喻讲出的一番道理，至少从逻辑的角度而言，还是站得住脚的。

真理往往在智者之间的争辩中诞生。我们不知道告子是被口才超一流的孟子说服了，还是被盛气凌人、"拿着不是当理说"的孟子气跑了，反正辩论的结果以孟子胜利而告终——孟子自己写的文章记述这件事，当然不会让自己失败了。

到底人性是如孟子的看法天生善良，还是如荀子的看法天生邪恶，或者如告子的看法无所谓善也无所谓恶，直到今天仍是一个很难说清的命题，学者们往往各执一端，莫衷一是。笔者以为，人既是社会的人，也是自然的人，是一个复杂的矛盾统一体。就共性而言，人的本性中既有善的东西（如同情弱者、崇尚正义、扶危济困等），也有恶的东西（如嫉妒、幸灾乐祸、占有欲等）；就个体而言，有的"善"多些，有的"恶"多些（这是人类多样性的表现）。由于受教育程度不同，个人所处的生存环境的差异，有的更多地表现出善的一面，乃至成为万人称颂的好人、君子、天使；有的则更多地表现出恶的一面，乃至成为千夫所指的坏人、小人、恶魔。事实上，在中国古代众多论"人性之善恶"的思想家中，告子的"人之性无分于善与不善"的观点无疑更接近于真理。但在儒家正统观念的影响下，告子的这一思想长期被贬抑，直到清代后期的思想家龚自珍"拨乱反正"，高调肯定了告子的思想价值，才使世人对人性问题有了新的认识，并点燃了不断探究的热情。

作为一家之言，孟子的"性善论"颇有一厢情愿的味道，用现代的语言评价就是具有浓厚的唯心主义的色彩。尽管如此，孟子的"性善论"毕竟充分肯定了人的道德意识中"高大尚"的东西，难道能否定其充盈满满的正能量气所带来的积极社会意义吗？

民之归仁，犹水就下

"仁"是孔子政治思想的重要组成部分。孟子继承、发扬了孔子"仁"的学说，从道德角度发展为"义"（孔子讲"杀身成仁"，孟子讲"舍生取义"）；从政治角度发展为以仁义治天下的政治主张（当时称"王道"，与"霸道"相对）。这一主张以性善理论为根据，开创性地提出了"仁政"思想，并从操作层面设计出了施行仁政的一整套政治构想。孟子认为"不以仁政，不能平治天下"（《孟子·离娄上》），为了增强其论证的说服力和感染力，善言的孟子又一次次地借用水的特性来设喻说理，阐发其仁政学说。他说：

民之归仁也，犹水就下，兽之走圹也。故为渊驱鱼者獭也，为丛驱雀者鹯也，为汤武驱民者桀与纣也。

——《孟子·离娄上》

民心归顺仁政，就如同水顺流而下，野兽自然向旷野奔跑一样，这个趋势是谁也阻挡不了的。他藉此警告统治者，只有施仁政于民众，以百姓的利益为利益，才能使大家"犹水就下"般望仁德而归附；否则，君王像为渊驱鱼的獭、为丛驱雀的鹯一样，为所欲为，残民以逞，必然会沦为桀、纣那样的独夫民贼，逼得走投无路的民众揭竿而起，以暴制暴，直至推翻暴君的统治。

孟子生活的时代，正值战国中期，诸侯之间的相互征伐愈演愈烈。面对诸侯之间"杀人盈野"的罪恶战争。大约40多岁时，孟子怀着救民于水火的美好愿望，肩负着"当今之世，舍我其谁"的崇高使命，"以儒道游于诸侯"，带着弟子奔走于梁（魏）、齐、宋、滕、鲁等国之间，含辛茹苦地宣扬和推行着仁政。

孟子的"仁政"作为一种理想，一种信仰和学说，的确光芒耀眼，灿烂诱人，但在诸侯争霸、弱肉强食的战国时代，这种理想化的政治构想又怎么能行之于世呢？因此，一心想用武力雄霸天下的诸侯王们，如梁惠王（魏惠王）、齐威王及齐宣王等，尽管都很尊重和厚待孟子，让他"处宾师之位"，却从来没有真正采纳过他的王道之说。尽管软钉子、硬钉子碰了不少，但执着的孟子不气馁，不退缩，矢志不渝，表现出"君子以自强不息"的顽强斗志和干劲。

公元前320年（周慎靓王元年），孟子离开滕国（今山东滕州一带）来到魏国首都

战国时期各国分布图

大梁（今开封）。那天，梁惠王把孟子请到王宫，劈头就问：老人家，大老远跑到这里，能给寡人的国家一些好处吗（叟不远千里而来，亦将有利于吾国乎）？面对傲慢势利的梁惠王，正气十足的孟子也没客气，马上硬邦邦地顶回去：大王，何必开口闭口就是好处呢？我这里也只有仁义罢了（王何必言利？亦有仁义而已矣）！接着，孟子便滔滔不绝地向梁惠王讲起了"言利"的坏处。后来，孟子与梁惠王多次论政，向他讲述了"与民同乐"的道理，为他勾画了强国富民的蓝图。在战国诸侯中，梁惠王应算是个具有远大志向的君主，与孟子交谈，他发现孟子的学说虽然不能完全实行，但却不无道理，加之孟子的人格魅力光芒四射，因而随着谈论问题的深入，梁惠王的态度一次比一次好，到后来再与孟子见面，便成了"寡人愿安承教"（我很高兴接受您的指导）。

经过多次的交往，孟子发现梁惠王"孺子可教也"（其实也是表面现象）。正当孟子对在魏国推行"仁政"充满憧憬的时候，转过年的春天，即公元前319年，老迈的梁惠王撒手人寰，孟子好不失望（即使梁惠王不死，也未必能用孟子的主张）。一日，继位不久的梁襄王（梁惠王的儿子，名赫）召见孟子，朝堂之上，这位新王忽然进出了一个没头没脑的问题："天下恶乎定？"（天下如何才能安定？）这样的问题孟子早就胸有成竹，他坚定有力地回答："定于一"（天下安定在于统一）。

"仁者无敌"是孟子坚定的政治信念。尽管孟子对"望之不似人君"的梁襄王不抱希望，但他不想放弃这次宣传仁政的机会。为此，当襄王问他"孰能一之"时，孟子还是耐心地给他上了一课，希望能对魏国的政治走向产生积极的影响。孟子说："不嗜杀人者能一之。"他以雨润禾苗和"犹水就下"为喻，侃侃而谈：

王知夫苗乎？七八月间旱，则苗槁矣。天油然作云，沛然下雨，则苗浡然兴之矣。其如是，孰能御之？今夫天下之人牧，未有不嗜杀者也。如有不嗜杀人者，则天下之民皆引领而望之矣。诚如是也，民归之，犹水就下，沛然谁能御之？

——《孟子·梁惠王上》

这里，孟子用时雨之降、救民于水火来说明实行仁政的效果。他说：大王你知道田里的庄稼吗？七八月间，久旱无雨，禾苗枯槁。忽一日，天空中乌云密布，接着大雨倾盆，禾苗得救，苗壮成长。像这样，还有谁阻挡得住它蓬勃的长势呢？现在世间那些统治者，没有不喜欢杀人的，如果有一个不嗜杀的，天下百姓都会伸长脖子，盼望着他来解救自己。假如真是这样，老百姓都归附他，就像水往低处奔流一样，又有谁能阻挡得住呢？

孟子与弟子万章以"时雨"讨论"仁政"

在孟子的眼里，仁政有时就是"时雨"。有一次，他的弟子万章问他：宋国是个小国，现在准备实行仁政，齐、楚这两个大国因忌恨要攻伐它，该怎么应对呢？孟子没有直接回答万章的问题，而是给他讲了一段"商汤征无道葛伯"的故事：商汤住在亳地，与葛国为邻。葛伯放纵无道，不祀祖先。商汤派人质问他：为什么不祀先祖？葛伯回答说：没有祭祀的东西。汤派人送去牲畜、粮食等祭品，并让亳地百姓帮助他们耕种，供给老幼食品。葛伯却带人杀死老人儿童以抢夺他们的食品。于是，汤征伐葛伯。天下人都知道汤征伐葛伯，不是为了夺取土地，而是为了给"匹夫匹妇复仇也"，都盼望着汤赶快讨伐到自己这个地方——"民之望之，若大旱之望雨也。归市者弗止，芸者不变，诛其君，吊其民，如时雨降。"（《孟子·滕文公下》）

孟子发现，梁襄王既不接受他的仁政思想，又没有君主的样子，自己在魏国待下去也是徒劳，便决定"走为上计"，离魏而去。这时齐宣王刚即位不久，雄心勃勃的他很希望像父亲齐威王那样有一番轰轰烈烈的作为——"欲辟土地，朝秦楚，莅中国而抚四夷也"（《孟子·梁惠王上》），因而上台之后做的第一件大事便是重振稷下学宫，延揽天下贤士——以优厚的待遇将他们养在稷下学宫，允许他们不入朝为官却可以自由地议论国事、探讨学问，学者们可以开坛讲学，可以自由辩论。故当时的稷下学宫巨匠云集，名家荟萃，诸子百家中的许多著名人物都在此风云际会。于是，对推行仁政充满憧憬的孟子再次适齐。

在齐都临淄，孟子受到齐宣王的隆重礼遇，拜他为客卿（孟子在齐国只做客卿，"不治而议论"，这样可以保持他的独立性），给他丰厚的俸禄，并隔三差五登门问政于他。谈话中，孟子时而委婉譬喻，循循善诱，时而开门见山，言辞犀利。几次交谈后，孟子发现齐宣王有实仁政的想法（曾表示"吾虽不敏，请尝试之"），十分高兴，幻想着"致君尧舜"，依靠齐宣王实现自己梦寐以求的仁政理想。然而现实是残酷甚至是血淋淋的，孟子很快发现，齐宣王嘴上对王道津津乐道，骨子里推崇的仍是他那套王霸思想，恃强凌弱仍是他执政的主旋律。最典型的一例便是齐国兴师伐燕，杀人放火奸淫抢掠，无恶不作，把燕国人民推向了灾难深重的深渊。与此同时，齐宣王在国内实行所谓的仁政，往往也是做做样子而已。对此，孟子深感痛心和失望。

在孟子看来，施行仁政应当全心全意、真心实意，而且要一以贯之，决非一时一事的权宜之计，更不能靠小恩小惠收买人心。他以"水克火"的自然现象为例，痛批齐宣王等执政者演戏作秀、浅尝辄止的所谓仁政行为：

仁之胜不仁，犹水胜火。今之为仁者，犹以一杯水救一车薪之火也；不熄，则谓之水不胜火，此又与于不仁之甚者也，亦终必亡而已矣。

——《孟子·告子上》

在治理国家中，实行仁政必然要胜过推行暴政，这好比水可以灭火一样。但如今有些所谓的行仁者，他们的为仁就好像用一杯水来救一车柴燃起的大火，火没有扑灭，就说水不能灭火。这些人和不仁的统治者差不了多少，最终他们还会把自己仅有的一点点仁也丢掉了。孟子以水必然胜火的事实，说明了"仁胜不仁"是必然的趋势。同时尖锐指出，如果为了捞取仁德的好名声，半心半意甚至虚情假意地实行所谓的仁政，就会像杯水车薪那样无济于事，充其量不过是沽名钓誉而已，断不会收到仁政王道应该的效果。

我要说的是：在那个以攻城掠地、杀人盈野为能事的时代，孟子的呐喊，即使句句是真理，一句顶一万句，又有谁能听得进去呢？就连对孟子十分敬重的梁惠王都认为他"迂远而阔于事情"。

推崇大禹，反对以邻为壑

翻开中华民族的史册，我们会发现，治水在中华民族生存与发展中有着特殊重要的地位和作用。尤其是大禹治水，具有筚路蓝缕的开创意义，不但平治了经年不息的严重

夏朝大禹画像

水患,拯救了水深火热中的华夏族,而且使当时松散的氏族部落联盟逐渐形成多民族的统一国家,功劳盖世,堪与日月同辉。先秦儒家对大禹都很推崇,将他恭恭敬敬地放在了儒家道统的序列中——唐尧、虞舜、夏禹、商汤、文武(周文王、周武王),成为赫然并列的"圣王"。孔子对大禹的评价是:"禹,吾无间然矣。菲饮食而致孝鬼神,恶衣服而致美乎黻冕,卑宫室而尽力于乎沟洫。禹,吾无间然矣。"(《论语·泰伯》)大禹啊,我对他真是没有什么可挑剔的了。自己吃的食物很粗糙,供奉神明的食物却很精致。自己穿的衣服很简陋,祭祀天地祖先时穿的祭服却很讲究。自己住的房子十分小,但却把精力全部放在了带领人民兴修水利发展农业生产上。大禹啊,我对他真是没有什么可挑剔的了!孔子虽然认为大禹"无可挑剔",评价很高,但赞语比较概括,涉及的实质内容不多。孟子呢?他是先秦诸子中对大禹治水体会最深的两位思想家之一(另一个是墨子),《孟子》一书,提到大禹有30次之多,而且多用具体的事例说话。比如,他曾不惜笔墨地向我们展示了大禹治水的伟大功绩,以及治水对华夏民族文明进步的巨大推动作用:

当尧之时,水逆行,泛滥于中国。蛇龙居之,民无所定。上者为巢,下者为营窟。书曰:"洚水警余。"洚水者,洪水也。使禹治之,禹掘地而注之海,驱蛇龙而放之菹;水由地中行,江、淮、河、汉是也。险阻既远,鸟兽之害人者消,然后人得平土而居之。

——《孟子·滕文公下》

当尧之时,天下犹未平,洪水横流,泛滥于天下。草木畅茂,禽兽繁殖,五谷不登,禽兽偪人,禽蹄鸟迹之道交于中国。尧独忧之,举舜而敷治焉。舜使益掌火,益烈山泽而焚之,禽兽逃匿。禹疏九河,瀹济漯而注诸海;决汝汉,排淮泗而注之江;然后中国可得而食也。

——《孟子·滕文公上》

孟子的上述描述,十分明确地阐明了中国古代社会由野蛮转向文明,由渔猎转向农耕过程中治水与人类生存的重要关系。远古时期,由于人类尚未脱离蒙昧的状态,认识和改造自然的能力十分低下,面对滔滔洪水,只能逃而避之,筑巢营窟,群而居之。直到大禹横空出世,率领人民进行了大规模的治水——疏浚排洪,"掘地而注之海",即将主干河道疏通,加速洪水的排泄,再将两岸加开若干排水渠道,使到处漫溢的洪水迅速回归到河槽中,"水由地中行,江、淮、河、汉是也",然后"人得平土而居之"。从此人类由渔猎时代转向农耕时代,通过"耕之",使"中国可得而食也"。同时,由于大禹领导民众平治了水患,大大促进了生产力的发展和社会的文明进步,于是,大禹的儿子启顺应社会发展的要求,建立了中国历史上第一个君主专制国家——夏王朝。

孟子不但对大禹治水的功绩进行了详细记述,还对他为民造福的奉献精神给予了充分肯定,认为大禹的做法才是真正的王道("王道"是孟子仁政思想的又一表现形式,他认为只有广施仁德于民众的政治才是真王道)。在《孟子》中,他多次举出大禹治水为民除害造福的业绩,盛赞他实行王道的仁德。他说:"禹思天下有溺者,犹己溺之。"(《孟子·离娄下》)大禹想到天下有遭水淹没的百姓,就像自己使他们淹没一样。为了救民于水患灾难之中,禹继承了其父鲧未竟的治水大业,薄衣食,卑宫室,栉风沐雨,历尽艰辛,"八年于外,三过其门而不入","决九川致四海,浚畎浍致之川"(《孟子·滕文公上》),经过十多年的艰苦努力,终于制服了洪水,使人民安居乐业。孟子赞美大禹,除了他自己对大禹的人格事功佩服得五体投地外,更重要的是期望当时的统治者效法大禹:以天下为己任,尽心竭力为民造福。

孟子推崇大禹,除了佩服其人格事功,还因为其在治水中采取了遵循水之本性的方法

孟子推崇大禹,还因为大禹治水采取了"行其所无事"的科学态度,即在治水中采取了遵循水之本性的治水方法——"疏导",为后人树立了按自然规律办事的光辉典范。他说:

> 如智者若禹之行水也,则无恶于智者矣。禹之行水也,行其所无事也。如智者亦行其所无事,则智亦大矣。

——《孟子·离娄上》

如果聪明人像大禹治水那样,就不至于厌恶聪明了。大禹的治水(使水运行),就是行其所无事,顺应自然。如果聪明人谈论人性也能行其所无事,顺应自然,那可算是大聪明了。由此看来,孟子可能是先秦诸子中对大禹治水认知最深的一位,他总结大禹治水经验是"无事",也就是遵照水的本性("水曰润下")来治水,真是精当之论。尽管孟子的上述宏论是由人性问题引发的,但却从另一方面说明了这样一个道理:大禹治水之所以获得成功,在于他能够根据水往低处流的特性,因势利导,将洪水疏导入海。这就昭示人们,做一切事情,应切忌自作聪明,自以为是,一定要从实际出发,按自然规律办事,才能达到成功的彼岸。

孟子客居魏国时,与梁惠王手下一个叫白圭(名丹,字圭)的大臣进行了激烈的交锋。这位白圭虽然是个水利专家,但也是个心术不正的家伙,为了魏国的一己私利,竟把自己擅筑堤防的技艺用在损人利己上——以邻为壑,通过造"曲防"将洪水引到别的国家。对此,白圭不以为耻,反以为荣,一次,他竟得意洋洋地向孟子炫耀:"丹之治水愈于禹。"孟子是个眼里不揉沙子的人,早就看不惯白圭的作派,今天见这家伙做了坏事还如此恬不知耻,禁不住义正辞严地反驳道:

孟子驳斥魏国白圭,严厉谴责「以邻为壑」的不义之举

子过矣。禹之治水,水之道也,是故禹以四海为壑。今吾子以邻国为壑。水逆行,谓之洚水。洚水者,洪水也,仁人之所恶也。吾子过矣。

——《孟子·告子下》

可以想见,孟子当时的脸上一定写满了凛然正气,目光犀利如炬且声调高八度:白先生啊,你大错特错了!大禹治理水患,是顺着水的本性而疏导,使水流注于四海。如今你却高筑堤坝使水流到邻近的国家去。水逆流而行叫洚水(洚水就是洪水泛滥),会使民不聊生,是仁者非常厌恶看到的。我的白先生啊,你真的大错特错了!在此,孟子一方面通过赞扬大禹按照水的本性加以疏导,使之入海而获得成功的事例,表达出不论治水还是做其他事情,都要顺应客观规律的思想;另一方面,则表达出对以白圭之流损人利己、嫁祸于人的深恶痛绝,对以人为善、睦邻友好的无限向往。

原来，春秋战国时，黄河沿岸的各诸侯国为了防止河水泛滥，纷纷在黄河两岸修筑堤防。由于诸侯林立，互不相统，各自从本国利益出发，"壅防百川，各以为利"的现象比较普遍。当时，齐与赵、魏以黄河为界，赵、魏两国的地势较高，齐国的地势低下，黄河发水齐国首当其冲，齐国见自己吃亏太大，便率先沿黄河修筑了一条长长的堤防，于是"河水东抵齐堤，则西迄赵、魏"，水势便直奔赵、魏而去。赵、魏亦如法炮制，在本国境内的黄河岸线上大筑堤防。更有甚者，齐和赵、魏还纷纷在自己一岸修筑"曲防"，把洪流"挑向"对岸，这就是孟子口诛笔伐的"以邻为壑"。据《孟子·告子下》记载，公元前651年，齐桓公在宋国的葵丘（今河南省民权县境）大会诸侯，参加会盟的有齐、鲁、宋、卫、郑、许、曹等国的国君。这次会盟堪称是齐桓公"九合诸侯"中的最后一次，其所签订的"国际条约"中，有"无曲防"的规定，即禁止修筑危害别国防洪安全的堤防——这应该是我国历史上最早的水利法规条文之一了。

细读《孟子》，我还意外地发现，书中记载了不少水利、水名及水的流向的知识，说明孟子这位大思想家对水利、水文地理等方面的问题也有涉足。

《孟子》中留下了黄河、长江、淮河、汉水、济水、汝水、泗水、溱水、洧水、漯水等河流的名字，这些都是春秋战国典籍中常见的。孟子对战国时期一些河流流向的描绘，为后人留下了极为宝贵的资料。如在《滕文公上》中有这样的记述："禹疏九河……决汝汉，排淮泗而注之江。"就是说，大禹疏导九河，浚通汝水和汉水，疏通淮水和泗水而流到长江之中。

对孟子的上述说法，后人多有争论。南宋大理学家朱熹在《四书集注》中说："汝、泗则入淮，而淮自入海。此谓四者皆入江，记者之误也。"当代著名学者杨伯峻先生经过仔细考证，对孟子的这段记述提出了新说，他指出：对孟子的这一记述古今争论最多，人们普遍认为孟子搞错了，因为除汉水外，汝与淮、泗都不入江。一些儒者为尊者讳，不时为孟子打圆场，说孟子不过申述禹治水之功，未必字字实在，所以不必拘泥。事实上，错的并不是孟子，而是朱夫子们。春秋战国时期，淮河进入长江有两条水道：东道，淮河由邗沟入长江；西道，在淮河中游州来（今安徽凤台城关）附近，溯东淝水南下，经寿春（今安徽寿县），行于施水（今南淝河），到达合肥，入巢湖，穿湖而过，进入裕溪河入江。孟子之前的春秋时期，楚庄王和楚平王时代，曾多次利用西道水路行军打仗。后来，由于黄河夺淮的影响，东淝水中游淤为瓦埠湖，下游也逐渐淤高，淮河、东淝水已不能通流。由此可见，孟子时代的淮河、长江是能够沟通的。

孟子还熟悉古代和当时的水利工程，如《孟子·告子上》记载："今夫水，搏而跃之，可使过颡；激而行之，可使在山。"这里的"激"，指的是古代修建的横断河床的堰坝，用来阻挡水流，抬高水位，引水入渠。孟子记述的这种"激"的水工技术，到秦汉以后已大量使用。《淮南子·诠言训》中就有"激"水技术应用的记载：使水流下，孰弗能治；激而上之，非巧不能。

孟子不愧为文化巨匠，他的知识真是渊博啊！

井田制的样子

恢复周礼，恢复井田制，是孔子向往的，也是孟子梦寐以求的。井田制为何物？史书记载很模糊，多亏有孟子的记述，才使我们不致堕入五里雾中：

死徙无出乡，乡田同井。出入相友，守望相助，疾病相扶持，则百姓亲睦。方里而井，井九百亩，其中为公田。八家皆私百亩，同养公田，公事毕，然后敢治私事，所以别野人也。

——《孟子·滕文公上》

大约在新石器晚期，凿井技术发明了。井的出现，冲破了自然的局限，极大地拓展了人们的生存空间，也为社会文明进步开辟了宽广的道路。依井而居，千百来一直是中华农耕民族的典型的生活方式。中国历史上最早的土地制度——"井田制"的形成、演化与"水井"有着极为密切的关联。据史学家考证，井田制是一种具有综合性能的社会经济制度，它兼有耕作方式、租税制度、宗族制度、军事组织和村落形式等综合内容。井田制以四井为一邑，四邑为一丘，四丘为一甸，一甸共六十四井。井田制的劳役地租率是什一（即十分之一），八家实际上经营公私田共八百八十亩（周亩，合今 0.328 市亩），剩余的二十亩为水井、屋舍、菜田所占地。每家八口，八家共六十四口，他们"出入相

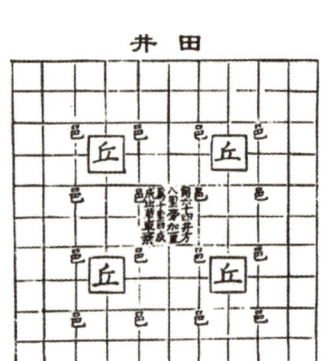

井田制度是中国历史上最早的土地制度，与"水井"有着密切关系

友、守望相助,疾病相扶持",实际上是以公共水井为中心组成的自然村落。那时凿井,主要是为满足同部族人生活用水之需,随之就形成了人们依井而居的生产生活方式。孟子在这里描述的,就是一个典型的由原始公社时代向私有制时代过渡的乡村自然社区的生产生活情况。这种社区形成的自然地理基础是公有的共同的水源点,即所谓"乡田同井"。足见当时以井为标志的自然水源对满足人们生产和生活需要的格外重要性。

西周实行分封制,全国遍布许多大大小小的诸侯国。各诸侯国的中心都城所在地称为"国",国之外谓之郊,郊之外谓之野。《周礼》注:"去国百里为郊,郊之外谓野。"仔细考量孟子的上述记载,还可以看到,文中把这种守护着确定的地域空间、组织严密有序的生产方式和具有亲密无间社会关系的乡村社区的人们,与那种没有固定居住区域,缺乏血缘纽带,组织松散的"野人"区别开来,这就告诉我们这样一个事实:共同的生产活动和对于水资源的共同占有,是培育乡村社区凝聚力和促进社区组织发展的重要推动力量。它能产生强大的聚合效应——使社会群体之间的地缘关系得以拉近,社会组织的吸引力不断加强,公共秩序更加井井有条。

由孟子笔下的井田制,我的脑海里迸出了一首古老的歌谣——《击壤歌》。据《帝王世纪》记载:"帝尧之世,天下大和,百姓无事。有八九十老人,击壤而歌。"这位八九十岁的老人所唱的歌词是:"日出而作,日落而息。凿井而饮,耕田而食。帝力于我何有哉!"这首歌谣(被后人称为中国歌曲之祖)描绘的上古时代劳动人民安居乐业的场景:太阳出来开始干活,太阳落山回家休息。打口井就有水喝、耕种田地就有饭吃。这样自给自足的生活是何等的恬淡与惬意啊,那远在天边的皇帝与我有什么关系呢?"帝力",一种解释为帝王的力量,一种解释为老天爷的力量。但不管是人间的君王还是天上的玉皇,对于自食其力的百姓而言又有什么用呢?我要补充的是,自古以来,中华农耕田园生活,都不能少了水井的陪伴。因为水的不可或缺,守着一口井,才能浇灌出绚丽的生活之花。

牛耕画像石拓片局部

第三章

水则载舟，水则覆舟——荀子与水

在先秦诸子中，荀子最为晚出，他不但是位"集大成"者，而且也是位"唯物主义"者。他的"集大成"，体现在他的学说主体属于儒家，同时又批判地熔铸诸子百家的思想于一炉，比如他既主张崇王道、隆礼法，而又对霸道、法治情有独钟；他还是位文学家，第一个使用赋的名称和用问答体写赋的人，同屈原一起被称为"辞赋之祖"。他的"唯物主义"，体现在他对天命的否定上，这在上帝鬼神大行其道的先秦时代，显得身单力孤却又难能可贵。正是由于荀子在儒家学派中属于"另类"，他也成为中国历史上倍受争议的人物，或毁或誉，轩轾甚大。但不管怎么说，荀子在中国文化史上确是一位举足轻重的思想家！

作为一代思想文化巨擘，荀子对"天人之际"的哲学思考是相当深刻的，其博大精深的思想主要体现在他著作的《荀子》一书中。为了阐发自己的思想，荀子常常把大千世界中的水信手拈来，作为论据和"武器"。《荀子》中多次提到水，或以水阐释哲学观点，或以水纵论王业兴衰，或以水比德君子，或以水说明人生的道理，自然之水经过荀子哲人目光的过滤，便在"自然的人化"中彰显出深邃而又鲜活的文化特质来。

荀子画像

君民关系：水则载舟，水则覆舟

君与民之间的关系，历来都是一个重大政治课题。作为政治家、思想家的荀子，对这一问题的思考是十分深入的。从总体上讲，荀子认为君与民的关系是纲与目、本与支的关系，君主是臣民之主、之枢，负有统治臣民的职责。但同时，他也认定君与民是互相影响、互相依存的互动关系。他用江河的"源与流"表达这一思想：

君者，民之原也，原清则流清，原浊则流浊，故有社稷不能爱民，不能利民，而求民之亲爱己，不可得也。

——《荀子·王制》

君为民之主，君为源，民为流，君主如果能爱护人民，尽力为人民谋福利、办好事，就会赢得人民的拥戴；反之，不知爱民、惠民，甚至骑在人民头上作威作福，想得到人民的亲附和爱戴那是痴心妄想。

看惯了自然的云卷云舒，历览了人类社会的枯荣明灭，荀子发现，人类历史的发展轨迹往往是不以人的意志为转移的，但统治者的兴亡更迭却主要取决于人为的因素，人民的力量是无比强大的，得道多助，失道寡助，商汤、文武与夏桀、商纣，恰是正反两方面的典型教材。为此，在君民关系的问题上，他提出了极为著名的"君舟民水"论：

马骇舆，则君子不安舆；庶人骇政，则君子不安位。马骇舆，则莫若静之；庶人骇政，则莫若惠之。选贤良，举笃敬，兴孝悌，收孤寡，补贫穷。如是，庶人安政矣；庶人安政，然后君子安位。传曰：君者，舟也；庶人者，水也。水则载舟，水则覆舟。

——《荀子·王制》

读罢上述高论，我们不能不承认，荀子是个极为坦率的人，他毫不掩饰庶人和君子——君王之间是被统治和统治的关系，他以"马骇舆"形容"庶人骇政"，生动而深刻。马惊骇，车随时可能倾覆，当然会对坐在车上的君子造成极大的威胁，让他不能安车；庶人发动暴动，则会撼动君王屁股下的椅子，让他不能安位。为了更好地说明问题，荀子形象地将君与民的关系比作"舟水"，强调水能载舟，亦能覆舟，这是极有见地的政治思想。

《荀子·哀公篇》认为，君舟民水论最早的发明者是孔老夫子。当年，鲁哀公问政，孔子回答：

君出鲁之四门以望鲁四郊，亡国之虚（墟）则必有数盖焉，君以此思惧，则惧将焉而不至矣！且丘闻之，君者，舟也；庶人者，水也。水则载舟，水则覆舟，君以此思危，则危将焉而不至矣。

这段话是否真的为孔子所说,因不见于荀子以前的文献著录,不好轻下结论。一般认为,这是荀子假借孔子之言来阐述他的观点(这也是许多古人的惯用的"伎俩",一部《管子》就是借春秋时齐国大政治家管仲的"大嘴"来说话)——因为孔子名声大,拿他的话说事,说服力强,杀伤力大。因此,我们不妨把"君民舟水论"的发明权归之于荀子。话又说回来,即使舟水关系说的创始者不是荀子,他的传承之功难道不是"善莫大焉"吗?

这里,荀子明确地把君与民的关系形象地比作舟与水的关系,强调了人民力量的无穷威力,以此警告当权者:"君王之舟"要靠"人民之水"来承载,君主为民,实行王道,推行仁政,则国治民安,君王之舟就会稳如泰山;反之,君王残民以逞,施行暴政,在百姓头上拉屎撒尿,作威作福,人民就会揭竿而起,掀起反抗的浪涛,"君王之舟"离倾覆也就不远了。而朝代的更替、君王的迭换为荀子的上述论断提供了无可辩驳的铁证。正是基于这种认识,荀子继孔孟提倡德政、仁政之后,提出了"惠民""爱民"的主张,具体包括尚贤任能,即"选贤良",委以军国大任;隆礼敬士,即"举笃敬、兴孝悌",推行礼义教化;平政爱民,即"收孤寡、补贫穷",使人民安居乐业,等等。

"君民舟水论"用"水则载舟,水则覆舟"的语句来比喻君王与人民之间的关系

荀子对君与民关系做出的这种理性思考,不仅在当时很了不起,而且对后世的影响更是不可估量。历代的明君贤臣无不奉"水则载舟,水则覆舟"为圭臬,重视处理好爱民与使民的关系,从而使国家长治久安。特别是千载之后,这句"大哉之论"传到一代明君唐太宗李世民的耳边,便成为他执政的座右铭。李世民在与魏征、房玄龄等大臣讨论政务时,一再提及"载舟覆舟"这句警语,一再强调"求木之长者,必固其根本;欲流之远者,必浚其泉源。……载舟覆舟,所宜深慎"(魏征《谏太宗十思疏》),"为君之道,必须先存百姓"(《贞观政要·论君道》)。李世民还意味深长地说:"天子者,有道则人推为主,无道则人弃而不用,诚可谓也。"(《贞观政要·论政体》)这些极有见地的思想,一直是"明君""贤臣"们信奉的金科玉律。

荀子是孔孟儒学的传承者,这一点是毋庸置疑的,但他的政治学说是在抛弃孔孟儒学之于现实的傲慢与迂阔,从内心皈依于封建专制制度的基础上提出的。有学者据此认为,荀子的君民"舟水"关系说,实质上弱化了孔孟民本主义精神,强化了君主专制的思想,从而构筑了儒学"君本主义"的基本框架,并在牺牲了"民贵君轻"精神的情况下,完成了与封建专制政治制度的理论整合(王保国《评荀子的君本论和君民"舟水"关系说》)。对王保国等先生的观点,我虽不完全赞同,但也承认,荀子的民本思想中确实有十分明显的重君倾向。不过,这种重君的倾向,是与战国末期的政治走向密切相关的。其时,奴隶制日薄西山,"诸侯异政"行将就木,中央集权的封建制度建立已成为历史发展的必然,这正是荀子"重君"思想产生的时代根源。荀子虽然重君,但他并没有陷入"君本主义"的泥潭,试看他的如下言论:

君子者,治之原也。官人守数,君子养原,原清则流清,原浊则流浊。故上好礼义,尚贤使能,无贪利之心,则下亦将慕辞让,致忠信,而谨于臣子矣。……故赏而不用而民劝,罚而不用而民服,有司不劳而事治,政令不烦而俗美,百姓莫敢不顺上之法,象上之志而劝上之事,而安乐之矣。

——《荀子·君道》

在荀子看来,君主是治理国家的根本、主导,而官吏处于从属地位,是君主政令的执行者。正是由于君主地位的无比重要,君主贤明或昏聩对国家的治或乱影响重大,君主的德行好恶同样对臣下的思想和行动影响重大。为了说明其中的道理,荀子以水源的清浊对下游的影响为喻,强调源清流清,源浊流浊——源,指君主为施政之本原;流,指政事和被导向之臣民。因此,欲正本清源,首先要正君,即使君成为遵守法度、道德高尚的表率。只有君上以礼义对待臣下,尚贤使能,清心寡欲,臣下才会以忠信报达君上。至于"赏不用而民劝,罚不用而民服",则是荀子政治的最高理想,体现出王道政治的洋洋大观。

荀子认为君主是治理国家的根本和主导

上行下效,上有所好,下必甚焉。有鉴于君主的言行对臣下的巨大作用,荀子非常重视君主自身的品德修养。当有人问及怎样治理国家这样重大的问题时，荀子鲜明地提出，"闻修身，未闻为国也"，进而又强调：

主者，民之唱也；上者，下之仪也。彼将听唱而应，视仪而动。

——《荀子·正论》

君者，仪也，民者，影也，仪正而影正。君者，盘也，民者，水也，盘圆而水圆。君者，盂也，盂方而水方。君射，则臣决。楚庄王（应为楚灵王）好细腰，故朝有饿人。

——《荀子·君道》

这里，荀子把臣民比喻为水，君主比喻为盛水的盘、盂；而水的形状取决于盘、盂的形状，这就形象说明了君主对臣民的巨大影响力——人民效法君主如影之随仪，水之随盘。由此，我想到了孔子的名言："子帅以正，孰敢不正？"你带头走正道，谁敢不走正道。由此，我还想起了春秋时的齐桓公和楚灵王。前者喜欢穿黄色的衣服，引得着

楚灵王喜欢细腰美女，结果女子们拼命节食饿肚子

黄服成为时尚，大臣和百姓们都争先恐后地抢购黄色布料做衣裳，而其他颜色的面料在仓库中堆积如山，无人问津；后者喜欢细腰的美女，导致女子们纷纷效法，拼命节食饿肚子，到了"国有饥色饿人"的程度。由此可见，君主之言（唱）和身（仪）教的表率作用，是何等的重要！

哲学之思：冰，水为之，而寒于水

中国近现代哲学大师冯友兰先生说："孟子以后，儒者无杰出之士。至荀卿而儒家壁垒始又一新。"荀子之新，当指他在哲学上提出的唯物主义哲学体系。先秦儒家由孟子到荀子的变化，最显著的标志是"孟子乃软心的哲学家，其哲学有唯心论的倾向；荀子为硬心的哲学家，其哲学有唯物论的倾向"（冯友兰语）。荀子的哲学思想，以其理论的深度和逻辑力量，把我国古代朴素唯物主义思想发展到一个新的高度。而水，作为地球上自然界的骄子，其独特的功能和形态，常常在不经意间潜入荀子智慧的大脑，给他思想的翅膀以力量和启迪。

《荀子》第一篇《劝学》讲到：青，取之于蓝，而青于蓝；冰，水为之，而寒于水

《荀子》的第一篇是《劝学》，每个上过中学的人都读过这一劝人"好好学习，天天向上"的名篇。如果你稍加留意，就会发现，整个《劝学》好多处都在用水作喻来阐述人必须学习和怎样学习的道理。《劝学》的开篇，便用了两个与水有关的比喻。第一个是"青，取之于蓝，而青于蓝；冰，水为之，而寒于水"。意思是说，人经过学习，就像水变成冰（虽然还是原来的水，却比水寒），虽然还是"本我"，却已质变升华到一个高的层次。第二个是"不临深溪，不知地之厚也；不闻先王之遗言，不知学问之大也"。用深溪对比出大地之深厚，暗喻先王圣人学问的博大和高深，说明学无止境，"不可以已"的道理。接着，为了阐发"终日而思""不如须臾之所学"的观点，又以水为喻："假舟楫者，非能水也，而绝江河。君子生非异也，善假于物也。"说明学习之于人，如同渡河工具舟楫一般不可或缺。由此得出结论，君子之所以能够超越常人，并非取决于天赋过人，而主要靠后天的肯于学习、善于学习。再接下来，以"积土成山，风雨兴焉；积

水成渊，蛟龙生焉"和"不积跬步，无以至千里；不积小流，无以成江海"为喻，说明坚持不懈的积累在学习与修养中的重要性。这些散发着淋淋水气的比喻，生动形象，说服力强，让人入脑入心，终生难忘。

这里需要特别提及的是，荀子《劝学》中有两句名言，一是"冰，水为之，而寒于水"，一是"不积细流，无以成江海"。这两句原本旨在以水变冰、江海积细流成其大的道理，来劝勉人们要把学习进行到底。但其所体现的哲学意义远远大于荀子的初衷，其更大的价值在于揭示了事物从量变到质变这一规律，为人类的哲学思辨架起了感性认识通往理性认识的桥梁。尽管两千多年前，荀子没能以概念思辨的抽象方式，将"量变质变"的思想清晰而明确地表达出来（这一思想直到19世纪中期才由伟大的思想家马克思和恩格斯在继承前人知识经验的基础上总结出来），但其蕴含的哲学价值不容忽视，我们不应苛刻古人。

唯物命题：犹不雩而雨也

思维与存在、精神与物质关系问题，是哲学最基本的问题。荀子所生活的时代，注定他不可能提出"物质是世界的本原"这样的唯物主义观点。但我们看到，这位大思想家在《天论》《礼论》《荣辱》《儒效》等篇中，已从不同层面对这个哲学基本问题展开了全面的论述，并作出了基本上属于后世所称的唯物主义认识。

熟悉中国历史的人都知道，商周时期，崇神信鬼是一种普遍现象，当时的人们大多认为水是上天作为生活资料供养人类的，从而形成了"山川神祇"的观念。而荀子则认为自然界的万物为人类所用，并非神的恩赐，而是自然而然的事情。他说："故天之所覆，地之所载，莫不尽其美，致其用。"（《王制》）在荀子的眼里，世间万物皆"尽其美，致其用"，以山水为中心的自然界就更不待言了。他说："山林川谷美，天材之利多。"（《强国》）对所谓的"山林川谷美"，王先谦认为乃是"多良才及灌溉之利也"（《荀子集解》）。荀子"尽其美，致其用"思想的提出，说明他已摆脱了常人那种对自然山水的神秘和恐惧，敏锐地看到包括自然山水在内的自然界是可以认识和改造的。

"天行有常，不为尧存，不为桀亡。应之以治则吉，应之以乱则凶"（《天论》），就是荀子留给我们关于如何看待和处理天人关系的总纲，体现出难得的科学精神，今天读之，仍令人荡气回肠、首肯心折。

在荀子看来，天不是神秘莫测、变幻不定的，而是有其固有的运动规律，它不依赖于人间的好恶发生变化，不以人的意志为转移，不论是圣君唐尧还是暴君夏桀，他们的出现或消失都与老天无关；人事的吉凶与社会的治乱，完全取决于统治者治理方略和措施是否得当。上述几句话在今天听来似乎颇为寻常，但在荀子所处的信奉上帝鬼神主宰一切的时代，堪称石破天惊的巨响，它第一次冲破了中国认识史上天命神学的堤坝，是对千百年来根深蒂固之"天命论"的毁灭性打击。

荀子到此并没有止步，进而又提出了"明于天人之分"的光辉思想，认为自然界和人类各有自己的规律和职分，"天能生物，不能辨物，地能载人，不能治人"（《礼论》）"天有其时，地有其才，人有其治"（《天论》）——天职属于自然，天没有意志，自然而然；而人职属于社会，是有组织有意识的人类活动，能够在遵循客观规律的基础上能动地改造自然。这就旗帜鲜明地宣告：天归天，人归人，天道不能干预人道，天不可畏，事在人为！他以"天旱而雩"为例，为自己的观点张目：

荀子认为天下雨或不下雨与祈祷没有必然的联系

雩而雨，何也？曰：无何也，犹不雩而雨也。日月食而救之，天旱而雩，卜筮然后决大事，非以为得求也，以文之也。故君子以为文，而百姓以为神。以为文则吉，以为神则凶。

——《荀子·天论》

雩是祈雨时举行的宗教祈祷仪式，祈求天降甘霖，以解除人间旱象。但荀子认为天下雨或不下雨与祈祷没有必然的联系，其间并无鬼神主宰其事，犯不着祈祷祭祀去求雨。至于"雩"之类宗教仪式，只不过起到文饰（装腔作势）作用。而百姓呢？因无知故而迷信，认为真有神仙鬼怪左右着人间的一切。

荀子以前的许多思想家，如老子、尹文等，都主张天道自然无为，而没有充分看到人的主观努力对改造自然的作用；墨子、孟子虽然强调了人的主观能动性，但又有过分夸大之嫌。荀子则吸收了各派的合理因素，明确提出要"制天命而用之"（《天论》），从而实现了先秦以来天人关系理论的新飞跃。比如，在发展生产方面，荀子主张要大力兴修水利，以消除水旱灾害：

修堤梁，通沟浍，行水潦，安水藏，以时决塞；岁虽凶败水旱，使民有所耘艾。

——《荀子·王制》

荀子使天人关系理论得到了新的飞跃

在当时的生产力条件下，靠天吃饭是主旋律，人们往往对水旱灾害束手无策，听之任之。荀子则不然，他主张要充分发挥人的主观能动性，通过兴修水利——修堤坝架桥梁，疏通田间沟渠，排除水涝，加固水库，依照时令开放或关闭水库等设施，解决水旱灾害对农业生产的影响。

荀子虽然主张"制天命而用之"，但并没有走入极端，他同样强调要按自然规律办事，不可任性妄为：

草木荣华滋硕之时，则斧斤不入山林，不夭其生，不绝其长也。鼋鼍鱼鳖鳅鳝孕别之时，罔罟毒药不入泽，不夭其生，不绝其长也。……污池渊沼川泽，谨其时禁，故鱼鳖尤多，而百姓有余用也。斩伐养长不失其时，故山林不童，而百姓有余材。

——《荀子·王制》

草木开花结果的时候，刀斧不能进入山林，不夭折草木的生命，不断绝它们的生长。鳖鱼、鳄鱼、泥鳅、鳝鱼等产卵的时候，渔网毒药不能进入江河湖泽，不夭折它们的生命，不断绝它们的生长。池塘沼泽河川，严格禁止在生长时节捕捞，鱼鳖之类就会多而肥，老百姓的饭桌上就可以摆满丰盛的水产品。砍伐种植皆不失时机，山林就不会光秃，老百姓就有多余的木材可用。他还认为，要强国富民，天时、地利、人和各种因素缺一不可："上得天时，下得地利，中得人和，则财货浑浑如泉源，汸汸如河海，暴暴如丘山。"（《富国》）这里，"泉源""河海"等水体，又成了他立论的喻体。

尽管荀子的"唯物论"思想还有很大的局限性，尽管在漫长的历史时期，中国古代的唯物哲学发展受到了相当大的压制，步履维艰，跌跌跄跄，但他所提出的自然主义天道观犹如一盏明灯，在宗教迷信笼罩的中国历史天空上光芒四射，照亮了后世对自然真理的探索之路。以后，又有王充、仲长统、柳宗元、叶适、王廷相、王夫之、戴震等一大批唯物思想家，沿着荀子开辟的道路披荆斩棘，勇往直前。

改造人性：导之以理，养之以清

"性恶论"是荀子最著名的主张，是他在与孟子"性善说"唱对台戏基础上提出的。他的总的论点是：人性本恶。凡是善的、有价值的东西，都是人后天努力的结果。

可以肯定，荀子在提出耸人听闻的"性恶论"之前，是深入研究过孟子的"性善说"的，甚至开始的时候说不定还比较赞同孟子的观点。但随着对社会现实和人性观察思考的深入，他改变了看法，来了个一百八十度大转弯。

荀子的人生经历和先秦许多思想家有不少相似之处。年轻的时候，他就满怀"治国平天下"的理想离开母国赵国踏上了游学之路。但现实是残酷的，当时，"上无贤主，下遇暴秦，礼仪不行，教化不成，仁者绌约，天下冥冥，行全刺之，诸侯大倾"（《尧问》）面对天下汹汹的局面，荀子期望从人本身来寻找社会混乱的原因，他发现，人性本"恶"！不是吗？为了争夺地盘扩大领地，诸侯之间大事征伐，杀人盈野；为了争名夺利，臣子之间尔虞我诈，落井下石；为了占有那点可怜的财产，亲人之间也撕下了含情脉脉的面纱，父子反目，兄弟成仇……正是由于这种种的恶，社会才会出现种种混乱和争夺，人间才会产生种种敌对和矛盾。于是，他对孟子的"性善说"产生了怀疑，认为那是孟老夫子美好的一厢情愿，事实并非如此。他用人的生理、心理上的种种欲望来证明"人之性恶"，批驳孟子的"性善"与"天赋道德"等观点。他指出，"人之性恶，其善者伪也""今人之性，生而好利焉""生而有疾恶焉""生而有耳目之欲"，在荀子看来，人的本性是恶的，那些善的表现，是人后天的"人为"。比如"饥而欲饱，寒而欲暖，劳而欲休"，比如"目好色，耳好声，口好味，心好利，骨体肤理好愉佚"（《性恶》）。如果对这些本能欲望不加以节制，任其自由扩张下去，就会带来不可收拾的恶果。尽管荀子认为，性恶是人的天性——"尧舜之与桀跖，其性一也；君子与小人，其性一也"（《性恶》），但他并未因此对人类悲观失望，强调只要后天努力，人是能够去恶为善的，由此他提出了"涂人可以为禹"（涂，通途；涂人，路途之人，指普通人）的命题，与孟子"人皆可以为尧舜"可谓殊途同归。但必须承认，二者达到目标的途径迥异：孟子所说"人皆可为尧舜"是基于人本来是善的，是天赋秉性；而荀子论证"涂人可以为禹"是基于人本来是智的，是后天改造的结果。

如何改造人性呢？荀子认为教化是最重要最有效的途径。他特别注重"圣人君师"的"化性起伪"作用，认为通过圣人的引导和规范，加上自己对感观欲望的节制，就可以"归于治""合于道"。他用盆水来做比喻：

人心譬如槃水，正错而勿动，则湛（同"沉"）浊在下，而清明在上，则足以见鬓眉而察理矣。微风过之，湛浊动乎下，清明乱于上，则不可以得大形之正也。心亦如是矣。故导之以理，养之以清，物莫之倾，则足以定是非决嫌疑矣。

——《荀子·解蔽》

人心就如同盆中的水一样，平正地放着不动，污浊自然沉淀在下面，澄清的水则在上面，能够照见人的须眉，察看皮肤上的纹理。有风吹过，把盆底的污浊搅动，上面的清水受到扰动也会变得浑浊，自然不能鉴照人体的正常形态了。同理，人的心也是如此。只要用正确的道理来教化导引它，就会如同"正错而勿动"的盆水一样，自然能够明辨事理，通晓是非大义，而不会脑筋混淆、皂白不分了。

关于人性"善"与"恶"的是是非非，笔者在《孟子与水》一文中已作了一定的分析，这里不再啰唆。简言之，在人性的认识上，荀子是个悲观主义者，却更接近客观；孟子是个理想主义者，主观色彩更浓些。

荀子用水来比喻对人的教化

美善象征：遍与众生而无为也

儒家在人与自然的审美关系中，尚"比德"，亦即由客体自然物（如山、水、玉、竹、松等）的某一特征中领悟品味出某种与主体人（君子）相关的美德，作为某种品性、德行的象征，使人们效法之。其中，自然美只是个象征、形式，而道德美、人格美才是实质。在这方面，荀子与儒家的祖师爷孔子是一脉相承的。在《荀子·宥坐》篇中，荀子以孔子为代言人，把水的形态、性能、功用与人的性格、意志、品德、知识能力等一一对应地联系起来，让我们看到了充满"水性"品质的君子形象：

孔子观于东流之水，子贡问于孔子曰："君子之所以见大水必观焉者，是何？"孔子曰："夫水遍与诸生而无为也，似德。其流也埤下，裾拘必循其理，似义。其洸乎不淈尽，似道。若有决行之，其应佚若声响，其赴百仞之谷不惧，似勇。主量必平，似法。盈不求概，似正。

荀子在《荀子·宥坐》篇中以孔子为代言人，以水比德

淖约微达,似察。以出以入,以就鲜洁,似善化。其万折也必东,似志。是故君子见大水必观焉。"

孔子爱水,有"见大水必观"习惯。有一天,孔子又在一条波浪奔涌的大河边驻足凝视着东流之水,他的得意弟子子贡走上前向孔子请教,问老师为什么见到大水必要观看的原因,孔子便语重心长地告诉他:这水,普遍地滋养世间万物却完全不为自己,就像君子的"德"(德操)。埋头向低处流去,或直或曲,但总是遵循一定的规律,就像君子的"义"(义举)。浩浩荡荡,奔流不息,就像君子的"道"(循道)。如果挖开堤岸,让其通行,它就立即奔腾向前,如同回音应声,它奔向深谷而无所畏惧,就像君子的"勇"(勇敢)。注入地面低洼的地方,必定使水面平坦,就像君子的"法"(执法)。注满低洼之地保持平坦而不用借助"概"(刮平斗斛的器具),就像君子的"正"(公正)。柔和而无处不到,就像君子的"察"(明察)。万物受到其洗涤而变得新鲜光洁,就像君子的"善化"(善于教化)。千回百转却必定向东流去,就像君子的"志"(意志)。所以君子见大水一定要观看。

须知这番君子"比德于水"的言论,其实还是荀子借孔子与弟子的对话,来表达自己对儒家"道德之水"的认识。文中将水的各种自然属性和特点,与君子的德、义、道、勇、法、正、察、善化、志等优秀品德修养一一对应,表达得淋漓尽致,精辟至极。可以说,这是荀子对儒家君子比德于水观念的发展和升华,开拓了儒家"文化之水"的新境界。后世儒者大多循着荀子的路数,对水的道德意义不断进行挖掘和弘扬,构建了儒家"以水比德"的思想体系。概括地说,就是以水比君子之德,强调的是君子仁、义、礼、智、信、勇、正以及明察、无私、意志坚定、行为果敢等多种优秀品德。

欹器之警:恶有满而不覆者哉

《荀子·宥坐》篇中,荀子特别记述了孔子师徒关于"宥坐之器"的对话,表达了他对于学习、修身等问题的独到看法:

孔子观于鲁桓公之庙,有欹器(一种倾斜而不易放平的器物)焉。孔子问于守庙者曰:

"此为何器？"守庙者曰："此盖为宥坐之器。"孔子曰："吾闻宥坐之器者，虚则欹，中则正，满则覆。"孔子顾谓弟子曰："注水焉。"弟子挹水而注之，中则正，满而覆，虚而欹。孔子喟然而叹曰："吁，恶有满而不覆者哉？"

水满则溢，月圆则缺，这是大自然中常见的现象，从这些自然现象中，先哲们悟出了深刻的人生道理：满招损，谦受益。为此，鲁国的有识之士在鲁桓公的庙中安放了欹器，借此警示后人"虚则欹，中则正，满则覆"。当孔子有感于此，发出"恶有满而不倾覆"的感叹时，弟子子路请教他有无保持"满"的状态的办法，孔子借题发挥，告诫他的学生："聪明圣知，守之以愚；功被天下，守之以让；勇力抚世，守之以怯；富有四海，守之以谦。此所谓挹而损之之道也。"（《荀子·宥坐》）就是说，只有做到智高不显锋芒，居功而不自傲，勇武而示怯懦，富有而不夸显，谦虚谨慎，戒骄戒躁，才能保持长久而不致衰败。

荀子的这段关于孔子观"宥坐之器"的记述，所阐发的道理是十分深刻的，至今仍闪耀着理性的辉光，对后世产生的影响也是巨大的。据记载，西晋杜预和南朝的祖冲之都曾制过类似的"欹器"，借此教育弟子学无止境，切忌骄傲自满，放松懈怠。

荀子在《荀子·宥坐》篇中，讲述孔子感叹"满招损，谦受益"的道理

第四章 上善若水——老子与水

老子的身影一定常常出现在江河湖海之畔，他不是为了一饱波光水色的眼福，而是为了求证他的"水性哲学"（有人说：老子的哲学就是水性哲学）。看得多了，想得多了，自然之水便升华为老子的"哲学之水"，成为构建他思想大厦不可或缺的柱石。得衷心地感谢那位叫尹喜的关令，如果不是他执意将骑着青牛要出函谷关飘然而去的老子拦住，烦请老人家劳神为我们著书（"子将隐矣，强为我著书"），我们也就无福沐浴在老子文化思想的光芒之中了。老子所著《老子》（又名《道德经》），不过区区五千字，尽管如箕中豆粒般历历可数，却是字字珠玑！在简约的文字中，老子为我们推出了一个"玄而又玄"的道的广阔天地，他老人家把具有丰富哲学内容和政治内容的思想都归之于一个最高范畴——"道"之下了。当我们力求把握老子之道的精髓和特点时，发现其影响至深的哲学精见竟是千古流淌的"水"。老子爱用水来比况、阐发他的道，甚至水还一度被老子推崇为道的象征——盛赞水"几于道"。

渊兮似万物之宗

老子画像

道是老子哲学的中心观念，他的整个哲学体系都是从他所预设的道中展开的，并由此揭示出了"人法地，地法天，天法道，道法自然"（《老子·二十五章》）这一条贯穿着天地人的大法则。《老子》书中所有的"道"字，符号形式虽然是统一的，但在不同章句中，却有着不同的内涵。就是说，道的法则包罗万象，适用于自然万物和人类社会。有些地方，道作为产生并决定世界万物的最高存在（这个真实存在的"道"具有形而上的性格，它既不属于物质世界的东西，也无确切的形体和称谓，我们无法用感官去直接接触它的存在）。当道以本体形态出现时，老子把它称为"万物之宗"；当道作用于社会人生时，它又体现出某种规律，这些规律可作为我们认识世界的重要参照和为人处世的准则。

事实上，老子立说的道，并不都是主观的想象和臆造，在很大程度上是在经验世界中所体悟的"理"，经过抽象和升华后，把它们统统附托给所谓的"道"。或者说，老子之道源于对大千世界物象的深刻体察和思考。"人是自然的产物"。从地理环境来看，老子和庄子这两位道家代表人物生长和活动的主要区域在河洛、江汉之间的水泽地带。《史记·老子韩非列传》称老子"深藏若虚""其犹龙"，这种神秘性也很容易使人联想到深不可测的水府。长期与水打交道，尤其是水所独具的各种形态和性质、功能，必然会深深启发老子的道机；而自然界中的水，这种普遍存在，分布广泛孕育万物，与生命存在有着紧密文化联系的物质，恰恰与老子之道有着微妙的形似之处。

当道以万物之宗的"本体形态"出现时，似乎与水没有什么关系。但按照物质决定意识的观点，老子在设计这个"道体"时，也一定离不开感知世界的参照物。客观世界万物谁能扮演这一举足轻重的角色呢？我们还从老子对道的描绘中寻找答案吧。老子这样形容他的本体的道：

是谓无状之状，是无物之象，是谓惚恍。迎之不见其首，随之不见其后。

——《老子·十四章》

道之为物，惟恍惟惚。惚兮恍兮，其中有象；恍兮惚兮，其中有物。窈兮冥兮，其中有精；其精甚真，其中有信。

——《老子·二十一章》

忽兮若海，漂兮若无所止。

——《老子·二十章》

道冲（盅），而用之或不盈。渊兮似万物之宗；湛兮，似或存。吾不知谁之子，象帝之先。

——《老子·四章》

反复咀嚼着老子以上论道的文字，我的脑海里闪现出的是大海这个世间最大的物象，作为万物之宗的道，其"形状"与渊深不可测的大海何其相似。大海的深广，让人望不到边、看不到头，又透不到底，大海的无状之状、无物之象在人的直观视觉中是"迎之不见其首，随之不见其后"，恍恍惚惚，缥缥缈缈，神秘莫测。而大海之中，"其中有象"——大海本身的浩瀚就是无与伦比的大象；"其中有物"——大海中蕴藏着丰富无比的资源和财富；"其中有精"——大海中有无数生命的精灵；"其中有信"——大海的潮汐最讲诚信。"渊兮似万物之宗"——大海的渊深广大，是孕育生灵万物的摇篮。

中国古代，由于水与生命、与各种生物生长的密切关系，先民们对水的种种神秘力量充满了崇拜，也产生了水是"万物本原，诸生之宗室"和"水生人、水生天地万物"的观念信仰。这种观念信仰自然会浸润和影响到老子，而他老人家精心构建的恍惚无形、"渊兮似万物之宗"的道正与水有着惊人的相像之处。因此，有人干脆说，老子的道一个重要的原型就是水（乔清举《河流的文化生命》）。

柔弱胜刚强

读老子的言论，你会发现，老子的人生智慧，与强者推崇的"物竞天择，强者生存"，与进化论所说的"物竞天择，适者生存"都不一样，它给出的答案是"物竞天择，弱者生存"。

老子说："反者道之动，弱者道之用。"（《老子·四十章》）"反"意味着事物发展到极点，则必转化而为其反面，因此，"物极必反"是运动的规律。老子认为"弱"（"柔""虚""后""下"）具有极强的生命力，而"弱者道之用"的最重要表现是"柔弱胜刚强"。

老子贵柔，把"柔弱"作为自己生命哲学的重要范畴。而水又是集"柔"的诸多特质于一身的东西，恰好可以凸显老子"柔"的品质。在老子的眼中，刚的东西容易折断，柔的东西反倒难以摧折，所以最能持久的不是刚强者，反而是柔弱者。当然，老子所谓的"柔弱"，并不是人们通常所指的软弱无力，而是具有十足的韧性和顽强的耐力。老子是这样借水阐述柔弱之"道"的：

天下莫柔弱于水，而攻坚强者莫之能胜，以其无以易之。弱之胜强，柔之胜刚，天下莫不知，莫能行。

——《老子·七十八章》

天下之至柔，驰骋天下之至坚。出于无有，入于无间，吾是以知无为之有益。不言之教，无为之益，天下希及之。

——《老子·四十三章》

在老子看来，世间没有比水更柔弱的，然而攻击坚强的东西，没有能胜过水的。水能因物赋形，但貌似柔弱而内在坚强，全身充满着一种坚忍不拔的精神。"金以刚折，水以柔全""水滴石穿，绳锯木断"，这是人所共知的道理。的确，自然界中不乏这样神奇的现象，微不足道的水滴经过长年累月的"滴答"，可以把一块巨石穿破；柔弱的绳子不停地"摩擦"，能把硬邦邦的木头锯断。还有那一股股潺潺的溪流，柔弱而轻灵，可千万条溪水汇在一起，便成为浩浩荡荡大江大河，一旦破堤而出，便会成排山倒海之势咆哮而下，吞没农田房舍，冲毁道路桥梁，任何坚强的东西都抵挡不了。正所谓"天下至柔驰至坚，江流浩荡万山穿"。

老子以水滴穿石来形容一种坚忍不拔的精神

柔能克刚，不但是自然界的一条重要法则，也是人类社会的一个普遍规律，因而老子告诫人们要"知其雄，守其雌""知其白，守其黑""知其荣，守其辱"（《老子·二十八章》）。虽有雄健之势，却甘居于雌弱之地；虽有洁白之身，却甘处于黑暗之中；虽有光荣之誉，却甘居于卑辱之位。这种柔弱胜刚强的规律运用于战争，老子主张"将欲歙之，必固张之；将欲弱之，必固强之；将欲废之，必固兴之；将欲夺之，必固与之，是谓微明，柔弱胜刚强"（《老子·三十六章》）。对于敌人，将要使他收敛，姑且先使他扩张；将要削弱他，姑且先使他强大；将要废毁他，姑且先让他兴起；将要夺取他，姑且先给予他，以促进强大敌人尽快走向反面，从而达到以弱胜强的目的。

柔弱胜刚强的命题，是老子在自然之水和其他柔弱事物具有比刚强更有生命力的启发下提出的核心思想之一，这中间包含着深刻的辩证思维，给我们的启示多多：第一，很多时候，为了生存，必须放下强大的架子，退、守、弱、柔，以求保全自己。第二，坚持就是胜利。一滴水的力量微乎其微，然而许多滴水坚持不断地冲击石头，就会形成强大的力量，最终会把坚硬的石头滴穿。因此，在现实生活中，不论做什么事情，一定要学会坚持，只有锲而不舍，才能走向成功。第三，事物往往是以成对的矛盾形式出现，矛盾的双方在一定的条件下可以互相转化。因此，我们一定要注意把握"道"的这一原则，力求在不利的条件下争取有利的结果，即"以柔克刚"；在有利的条件下要避免向不利的方向转化，即"知雄守雌"。

"何意百炼钢，化为绕指柔"。在现实社会中，柔弱胜刚强的例子俯拾即是。君不见中华太极功，素有"棉拳""软手"之称，其特点是舒松、轻灵、圆活、柔和，外柔内刚，棉里藏针，用意不用力；动作软绵绵的，迈步如猫，动如抽丝，但在攻防格斗中，以静制动，以柔克刚，避实就虚，借力发力，屡屡上演以弱胜强的好戏。君不见世间许多大男人多么威武雄健，世间许多小女人多么温婉柔弱。大男人为了征服小女人，不得不先去征服世界，几经猛打硬拼，浴血奋战，终于功成名就，也赢得了女人的芳心；而小女人呢，一点也不着急，看准时机，温柔之剑出鞘，只在当空软绵绵地一挥，便将威猛的大男人拿下，接着便顺手牵羊，让世界也拜倒在自己的石榴裙下。你看那楚霸王项羽和汉王刘邦，一个出身名门，力拔山兮气盖世，勇武绝伦，百战百胜，所向披靡；一个出身布衣，文不高，武不强，屡遭败绩。但后者却深谙以柔克刚的辩证法，垓下一战，一向处于弱势的刘邦竟逼得强悍的项羽洒泪别姬，自刎乌江。

上善若水

南怀瑾先生说，"上善若水"是老子人生哲学的总纲。

老子这样以水喻道："上善若水。水利万物而不争，处众人之所恶，故几于道。"（《老子·八章》）最高尚的品德像水一样。水善于做有利于万物的事情而不与他们争功争名争利，停留在众人都不喜欢的地方，这种品质最接近于道。这就把水人格化了，并推崇

中华太极功，以柔克刚的典型代表

到无以复加的境界。

本来老子之道是恍惚无形的,而水尽管柔软流动,但毕竟是有形的,"道无水有,故几于道"(王弼《老子注》)。但水又与其它事物大为不同,它具有滋养万物而不争的无私德行,它能赐予万物以利益,却从不与万物争利益,"到江送客棹,出岳润民田",只要能做到利他的事,就默默无闻地去做;他物争着处上,水独甘居卑下。水的这种"不争""处下"的崇高品德,正符合老子之道的特征:"万物恃之以生而不辞,功成而不居,衣养万物而不为主"(《老子·三十四章》)。难怪老子激赏水"几于道"了。

受老子的影响,后世崇水者大有人在。汉代刘安等编著的《淮南子·原道训》就奉水为"至德":

天下之物,莫柔弱于水。然而大不可及,深不可测;修极于无穷,远沦于无涯;息耗减益,通于不訾;上天则为雨露,下地则为润泽;万物弗得不生,百事不得不成;大包群生而无好憎,泽及蚑蛲而不求报,富赡天下而不既,德施百姓而不费;行而不可得穷极也,微而不可得把握也;击之无创,刺之不伤,斩之不断,焚之不然(燃);淖溺流遁,错缪相纷而不可靡散;利贯金石,强济天下;动溶无形之域,而翱翔忽区之上,邅回川谷之间,而滔腾大荒之野;有余不足,与天地取与,授万物而无所前后。是故无所私而无所公,靡滥振荡,与天地鸿洞……与万物始终。是谓至德。

在这篇水的颂歌中,作者赞赏水具有"柔而能刚"、"弱而能强"、无私厚德、浩大无比、无所不能等品德,这里的"水",不仅是"至德",简直就是"道"的化身了。

受老子的影响,宋代史学家、政治家司马光,明末清初的思想家王夫之也对水崇尚有加。司马光说:"是水也,有清明之性,温厚之德,常一之操,润泽之功。"王夫之说:"五行之体,水为最微。善居道者,为其微,不为其著;处众之后,而常德众之先。"这些话,无疑都是在为"上善若水"作注脚。

老子在激赏水的"不争""处下"的品德后,向人们提出了效法水的为人处世哲学——在其后的七个并列排比句中,都是有关"上善之水"的写状,并引出"善人"应具备的品德:

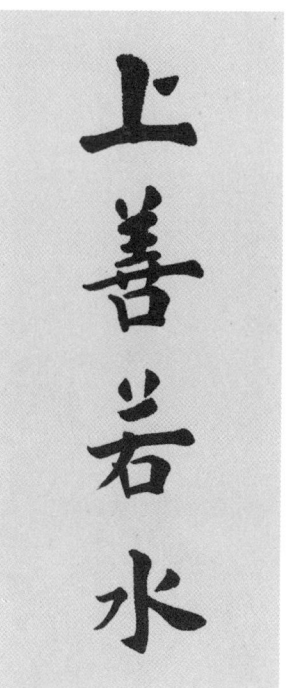

"上善若水"的境界一直以来深受国人推崇

居善地，心善渊，与善人，言善信，正善治，事善能，功善时。夫唯不争，故无尤。

——《老子·八章》

最高尚的善人，居住要像水一样选择低下的地方；心胸要像水一样善于容纳百川而深沉宁静；待人要像水一样无私仁爱；说话要像水一样平准有信；为政要像水一样公正平衡；做事要像水一样无所不及而又无所不能；行动要像水一样善于把握时机适时而动。最后得出的结论是：正因为他像水一样与人不争，才会避免祸患，处顺善终。老子由水的品格娓娓道来，讲了一连串做人做事的行为准则，为我们走好漫长的人生之旅提供了路标、尺度和借鉴。

面对人与人之间的争斗，老子呼吁人们效法"水利万物而不争"的精神

"不争"，是老子之道体现生活准则的重要特征。老子"不争"的观念提出，主要是他生活的社会，到处充斥着勾心斗角、尔虞我诈，甚至大打出手、头破血流的现象：国与国之间为争地盘，常常兵戎相见，打得血肉横飞；人与人之间为了争夺私利不惜使出坑蒙拐骗等阴损手段，甚至骨肉至亲反目成仇，喋血萧墙。有鉴于此，老子大声疾呼，让人们效法"水利万物而不争"的精神，做到"为而不争"。当然，老子的这种"不争"，并不是一种自我放弃，也不是逃离社会遁入山林。他的"不争"，乃是为了消除人类的争端开出的一剂药方，在很大程度上也是无奈之举。其实，老子并不反对人们去"为"，只是强调所"为"要像水一样能"善利万物"，所收获的成果，并不据为己有，而是与大家共享；所获得的功劳，也不自己独居，而是与大家共有。

老子的这种"不争"思想，对中国人性格塑造影响极大。比如，现代乡土文学大师沈从文先生，就是个"不争"的典范。如果你到湘西拜谒过沈从文墓，你一定要留意一下墓碑背后刻的 16 个字：

不折不从

星斗其文

亦慈亦让

赤子其人

这16个字是沈从文的妻妹、有"民国最后才女"之誉的张充和女士为他撰写的诔文。如果把每句的最后一个字联起来,就是"从文让人"。现实中的沈从文,既有灿烂如北斗星一般的小说、散文,又有慈祥谦让、如同赤子般的品格。年轻的时候,他创作了《边城》《湘西散记》等一系列文学精品,赢得了"乡土文学大师"的盛名。新中国成立后,正值壮年的沈从文因不能适应"新的要求",不得不割爱文学,来到历史博物馆,默默无闻地做了一名抄写文物目录、标签的小职员。"文革"期间,他同其他许多知识分子一样,遭遇了被批斗和被下放的厄运。当不少人在抗争中倒下时,沈从文却以超然不争的态度,顽强乐观地活了下来。"文革"结束后,他调到中国历史博物馆和中国社会科学院研究所,从事中国古代服饰及其他文物研究工作,同样取得了骄人的业绩。当国内外许多人为他转行感到惋惜万分的时候,1980年78岁的沈从文在美国一所大学讲演时,却发表了一番发人深省的讲话:

我们中国有句俗话说:塞翁失马,焉知非福!在中国近30年的剧烈变动情况中,我许多很好很有成就的同行、老同事,都来不及适应这个环境的变化变成了古人。我现在居然还能在这里很快乐地和各位谈谈这些事情,证明我在适应环境上,至少做了一个健康的选择,并不是消极地退隐。

——《在美国大学的讲演》

这就是沈从文,一个充满理性,懂得"不争"之道的智者。由于他的"不争",上天反而没有亏待他。

"处下"是"不争"的一种重要表现形式。为了说明"处下"的好处,老子又一次以"有形之水"来比况"无形之道":

譬道之在天下，犹川谷之于江海。

——《老子·三十二章》

大国者下流，天下之牝，天下之交也。

——《老子·六十一章》

江海所以能为百谷王者，以其善下之，故能为百谷王。是以圣人欲上民，必以言下之，欲先民，必以身后之……是以天下乐推而不厌。

——《老子·六十六章》

在自然界中，江海居于低洼处下的地位，天下的"水往低处流"，纷纷投入它们的怀抱。老子受到江海处下反而为"百谷王"的启示，得出了这样的结论：万物皆归于道（自然规律），犹如溪流之水汇集于江海一样。他还详细阐发了善于"处下"在人生中的积极意义，告诫人们：海纳百川，有容乃大，只有像江海一样具有包容万象的气量、容积，才能成就王者的事业。

中国历史上，有两位赫赫有名的君王——一位是战国时期屈身礼士的燕昭王，一位是三国时期三顾茅庐的蜀汉开国皇帝刘备，二人皆是"善用人者为之下"（《老子·六十八章》）的典型。燕昭王礼遇老臣郭隗，为他造了一座精美的房子，并拜之为师，尊敬有加，结果"士争趋燕"，燕国成为"人才高地"，迅速摆脱孱弱强大起来，成为战国七雄之一。刘备礼遇诸葛亮，倚为腹心，言听计从，终于"三分天下有其一"，建立了蜀汉王朝。

想一想当下常听到的"顾客是上帝""人民是主人""领导是公仆"之类的话语，这不都暗合了老子"处下"的理念和智慧吗？如果老子能得知今人有如此境界，一定会点头赞许："然也！正合吾道也！"

燕昭王招贤纳士，使燕国迅速强大起来

上德若谷

细读《老子》，我发现他老人家除了多次以水直接载"道"外，还用与水有关的"谷""溪"之类的物象来形容、阐释道：

谷神不死，是谓玄牝。玄牝之门，是谓天地根。绵绵若存，用之不勤。

——《老子·六章》

知其雄，守其雌，为天下溪。为天下溪，常德不离。……知其荣，守其辱，为天下谷。为天下谷，常德乃足。

——《老子·二十八章》

上德若谷，广德若不足。

——《老子·四十一章》

谷，《说文解字》的解释是"泉出通川为谷";《尔雅·释水》则说"水注川曰谿，注谿曰谷，注谷曰沟"。就是说，谷是水的通道，水又往低处流，因而谷在地势上处于低下的位置;谷既为水的通道，自然也是虚空之所在。老子以谷喻道，主要有两方面的含义：一是取其"虚空"，来契合其道以虚无为本的思想。老子把"谷"之虚空有容的作用设想为"神"，这样，"谷神"便成为产生天地万物的根源。"玄牝"亦如谷，也是一个巨大幽深而能产生万物的"虚空"母体，故能"绵绵若存，用之不勤"。惟其以虚为本，才能广纳众有，生生不息，永不枯竭。二是取其"处下"，来表示其道具有包容的属性。只有处下，才能谦虚容物，成为大器。老子推崇处下、不争，"上德若谷"与"上善若水"一样，都是希望人们要胸怀阔达，谦虚谨慎。其实，老子哲学的无为、质朴、无欲、谦退等思想，又有哪一点没有体现出水的性格和精神呢？

老子以谷喻道，含义包括"虚空"和"处下"

另外，老子还以盛水的容器之空（虚）与注水之满（盈）来形容道之虚空，深刻阐述了事物之实与虚、满与空的辩证关系。他说："道冲，而用之或不盈。渊兮，似万物之宗"（《老子·四章》）;"持而盈之，不如其已"（《老子·九章》）;"大盈若冲，其用不穷"（《老子·四十五章》）。"道冲"（"冲"，古字为"盅"，《说文》解释为"器虚"），指道是虚空而没有形体。盛水之器只有虚空,才能"其用无穷"。老子把这一生活现象提升到哲学的高度,并以"器虚"作为其道的本质,由此启示我们:如果把器皿注得满满的,就会发生水满而溢的现象,也就意味着事物发展到了极限和顶峰,接下来便是衰败的到来。因此,与其将水注满器皿,不如让它保持空虚,这样才会"注焉而不满,酌焉而不竭"(《庄子·齐物论》),持有无限的用途。

得道之人的状态

老子论道,强调"上善若水",强调"柔弱胜刚强"。但究竟什么样的人才算是得道之人呢?老子给我们做出了这样的描述(强为容):

古之善为道者,微妙玄通,深不可识。夫唯不可识,故强为之容:豫兮若冬涉川;犹兮若畏四邻;俨兮其若容;涣兮其若凌释;敦兮其若朴;旷兮其若谷;混兮其若浊;孰能浊以静之徐清?孰能安以静之徐生?保此道者,不欲盈。夫唯不盈,故能蔽而新成。

——《老子·五十章》

古时候善于行道的人,微妙通达,深刻玄远,非常人可以理解的。正是因为不能认识他,所以只能勉强地形容他的样子:小心谨慎啊,好像冬天踩着冰过河;警觉戒备啊,好像防备着邻国的进攻;恭敬郑重啊,好像要去赴宴做客;行动洒脱啊,好像冰块消融春水流动;朴实厚道啊,好像没有经过加工的原料;旷远豁达啊,好像深幽的山谷;浑厚宽容啊,好像不清的浊水。谁能使浑浊安静下来,慢慢澄清?谁能使安静变动起来,慢慢显出生机?保持"道"的人不会自满。正因为从不自满,所以能够革故鼎新。

老子的道,玄妙深奥,无状恍惚,对于一般的凡夫俗子而言,"嗜欲深者天机浅"(庄子语),实在难以洞悉和把握。而得"道"之人,因为掌握了事物发展的普遍规律,并懂得运用规律来解决现实中的具体问题,内心世界极为丰富和强大,表面上清静无为、浑厚纯朴,却往往能在特定的条件下静极而动,迸发出惊人的创造力。

有趣的是,在老子的这段描绘中,"水分子"的气息不可谓不浓,诸如"豫兮若冬涉川""涣兮其若凌释""混兮其若浊""浊以静之徐清"等句子,让得"道"之人谨慎、警惕、严肃、洒脱、圆融、纯朴、浑厚、旷达的独到风貌、独特风格跃然纸上。

水给老子的启迪和灵感无疑是立体的、全方位的，自然之水总能和老子之道紧密联系起来，以水喻道，堪称是老子思维中的一个定式。在老子睿智的目光中，当水流入其本体道构造的广阔思维空间时，自然之水便成为老子构造"道体"的基本模型；当水流入其道之体现自然和社会规律的幽长隧道时，自然之水便成了老子立说的"哲学之水"；当水流入其道之体现生活准则的宽大河床时，自然之水又成了老子思想的"社会之水""人生之水"。

老子悟道，强调「上善若水」

水是老子文化思想中具有特殊意义和价值的重要标记，是老子喻道、阐道的重要载体。同时，通过水的载体，使老子形而上的道（精神的道、概念的道）从"玄而又玄""惟恍惟惚"的"众妙之门"中走了出来，变得可感可触，这就为我们体会和把握"老子之道"的深切奥义打开了感性的方便之门。

第五章

善游者数能，忘水也——庄子与水

先秦诸子中，庄子最有魅力，也是个至今都让人难以读懂、扑朔迷离的奇人，像雨像雾又像风。比如他身在江湖却与江湖世俗格格不入，终日游荡在"无何有之乡"；比如他的大作《庄子》让人爱不释手却又终难释义，为了释义又不能不劳神竭虑地去解析。他有着超人的智慧，奇绝的思想，飘然的精神，骇俗的举止，他是继老子之后道家最主要的代表，也是继老子之后真正能称为哲学家的文化巨人。读他的书，我发现他与老子一样，也喜欢从水中感悟和阐发其"道"的精微与奇妙，但二者的思维方法和运用方式大不相同。老子以水论道，大多具有形而上的本体论和宇宙论色彩，理性、逻辑地阐述，且往往直抒胸臆，有什么，说什么，说直话，不转弯；庄子则不然，他的哲学是一种"境界哲学"，追求体道以后心灵境界的飞升，感性、生动地表达，且常常以水为载体编织参差诡异的寓言故事（庄子说自己是"寓言十九，卮言日出"），来阐发道的真谛，其想象之奇幻、运思之深邃、语言之精美，令人叹为观止。

鲲化为鹏的"逍遥"

庄子生逢乱世，他对乱世中个人所遭遇的种种痛苦有独特且刻骨铭心的体验，为了摆脱现实的黑暗和人生的无奈，一方面，他以玩世不恭的心态和夸张的戏谑来表达对现实世界强烈的嘲讽与敌意，乃至把现实世界视作一片毫无意义的荒原；另一方面，他又极力劝说自己和别人淡忘一切，摆脱世俗功利，遁入逍遥自适的精神家园。

《逍遥游》是《庄子》的首篇，也是表达庄子哲学思想的代表作。有学者称，"逍遥游"是庄子苦闷心灵的追求之歌，是庄子人生哲学的最高境界，也是庄子哲学有别于老子哲

庄子画像

学最根本的标志。《逍遥游》的主旨是说一个人应当突破尘世中的功、名、利、禄、权、势、尊、位等种种"身外之物"的束缚,使自己的精神作无挂无碍、无我无物的"逍遥"之游。

为了表达其博大无碍而与物冥合的精神境界和人生态度,《逍遥游》的开篇就为我们呈现出一个至大至广、气吞万里的世界:

北冥有鱼,其名为鲲。鲲之大,不知其几千里也。化而为鸟,其名为鹏。鹏之背,不知几千里也。怒而飞,其翼若垂天之云。是鸟也,海运则将徙于南冥——南冥者,天池也。

鱼是水中之物,老子曾以鱼喻道,强调"鱼不可脱于渊"(《老子·三十六章》),因为脱渊之鱼太危险。庄子则不然,他不但让鱼畅游于渊,还让它随心所欲地脱于渊——使鱼化鸟,不但能游,而且能飞。北冥——北海有多大,庄子没有说,但它里面涵养的一条巨鲲,就长"不知其几千里",水之浩阔就不难想象了。在庄子的笔下,鲲是一条生活在北海、硕大无比的大鱼;鹏是由鲲化成的一只巨鸟,与鲲一样,鹏也是个庞然大物,"背若太(泰)山,翼若垂天之云"。为了衬托鲲与鹏的伟岸与潇洒,庄子以天地间最大的物象——大海和苍穹作为它们驰骋的舞台。因为只有大海和天空,才能衬托出鲲之巨和鹏之大,才能彰显出大鹏"水击三千里,抟扶摇而上九万里"的磅礴气象。

在庄子眼中,鲲鹏之志虽磅礴恢宏,但还不是真正的逍遥游

原以为,伟岸的鲲鹏能够在"九万里"的广阔天地间自由翱翔,应该就是庄子推崇的逍遥游了。但读完《逍遥游》全篇,悉心体察,发现并非如此。原来,在庄子眼里,大鹏虽然一飞冲天,翱翔天宇,但它毕竟"有所待"——大鹏振翼高举,必须"抟扶摇而上",依赖于海面上急骤向上盘旋的狂风,方能冲到九万里的高空;之后,还需借"风"飞行,方能背负青天而没有什么力量能够阻挡它了。这种"有所待"的展翅高飞,虽然气势恢宏,但仍然未臻绝对自由的化境,算不得真正的逍遥游。

怎样才是"无所待"的逍遥游呢？庄子给出的答案是：

乘天地之正，以御六气之辨（变），以游无穷者。

遵循天地的法则（亦即自然规律），驾驭"六气"（阴、阳、风、雨、晦、明）的变化，遨游于无穷（不受时间、空间和条件的限制）的境域，才是"无所待"，才是逍遥游。

庄子在《逍遥游》中极写鹏之大、椿之寿，一则是为了造势，如以鹏徙南冥，"水击三千里"，造成一种极其雄壮的声势，从而引人入胜；二则是为了对比和暗示，如以鹏之宏大暗示人的渺小，以大椿之长寿（"上古有大椿者，以八千岁为春，八千岁为秋"）暗示人生的短暂，造成一种强烈的反差，从而震撼人心。大鹏堪称天地间最了不起的"逍遥"者了，还必须借风而起，乘飞而行，人的渺小和人生不自由更是不言自明。既然如此，汲汲于立德、立功、立言还有什么意义呢？追名逐利更没有价值，还不如彻底摆脱名呀利呀等俗物的束缚，到无为、无待、无己的"无何有之乡"去作真正的逍遥游！

如何达到对现实世界的超越呢？

庄子给出的药方是"忘"。类似的还有"外""丧""遗""黜""无"等。在庄子看来，"忘"是"游"的必要条件——只有"忘我"（舍弃在现实世界中积习已久的自我中心意识）才能"无我"（忘却自身），只有"无我"才能"无物"（忘却身外之物）——忘的过程就是学会以全新的眼光看世界的过程，就是脱胎换骨的过程。没有"忘"就不能脱离常规世界的俗事俗物，展开"游"于宇宙之间的翅膀。

不如相忘于江湖

庄子希望人人都能真实自由地活着——想干什么就干什么，该干什么就干什么。要做到这一点，其实很难，前提是必须"忘我"和"无我"。孰能如此呢？庄子想到了水中的鱼。

庄子爱鱼，自认为"知鱼之乐"，所以特别爱用鱼来表达他的生命诉求：

庄子与惠子游于濠梁之上。庄子曰："鯈鱼出游从容，是鱼之乐也。"惠子曰："子非鱼，安知鱼之乐？"庄子曰："子非我，安知我不知鱼之乐？"惠子曰："我非子，固不知子矣；子固非鱼，子之不知鱼之乐全矣！"庄子曰："请循其本。子曰'汝安知鱼乐'云者，既已知吾知之而问我。我知之濠上也。"

——《庄子·秋水》

庄子与惠子共同游于濠梁上，看见鱼儿们在水中自由自在地游来游去，不禁心生羡慕，脱口道："白鲦鱼游得多么悠闲自在，这是鱼儿的快乐。"惠子不以为然："你不是鱼，怎么知道鱼的快乐？"按照惠子的观点，事物是不可知的，因而鱼是否快乐，庄子不应知道，只有鱼自知。庄子是何等聪明之人，马上以其人之道还治其人之身："你又不是我，怎么知道我不知道鱼的快乐？"惠子还是不服气："我不是你，固然不知道你；同理，你也不是鱼，你不知道鱼的快乐，也是肯定的。"这一下，庄子逮住了惠子的逻辑漏洞："请回到谈话的主题上，按照你的逻辑，你刚才说'你怎么知道鱼儿的快乐'的话，其实就已晓得我知道什么、不知道什么，所以才问我怎么知道的。"话说得有点像绕口令，但却趣味横生。显然，庄子是一位可知论者，所以最后他以不容置疑的口吻对惠子说："我是站在濠梁之上，看到鲦鱼出游从容，从而判断出鱼是快乐的。"

庄子与惠子同游于濠梁，针对水中之鱼展开了一场有趣的辩论

正如庄子所言，鱼是真实的，也是自由的，因而它快乐。

庄子不但"知鱼之乐"，更知鱼之痛。

先看涸辙之鲋愤怒的呐喊：

周昨来，有中道而呼者。周顾视车辙中，有鲋鱼焉。周问之曰："鲋鱼来！子何为者邪？"对曰："我，东海之波臣也。君岂有斗升之水而活我哉？"周曰："诺。我且南游吴越之王，激西江之水而迎子，可乎？"鲋鱼忿然作色曰："吾失我常与，我无所处。吾得斗升之水然活耳，君乃言此，曾不如早索我於枯鱼之肆！"

——《庄子·外物》

庄子借"涸辙之鲋"的故事 讽刺大户监河侯的无情

一天，贫困的庄子家断炊了，他硬着头皮来到大户监河侯家借粮救急。听罢庄子借粮的陈述，监河侯脸上露出阴阳怪气的微笑：可以，不久我就要收取封邑之地的赋税了，到时借给你三百金，行吧。庄子的眼里不揉沙子，他愤然向对方回敬了涸辙之鲋的故事：

昨天我来的时候，看到车辙里有条干渴得快死的鲋鱼，向我求救：我是东海水族的一员，您也许用斗升之水就可以救我的命。我对它说：行啊，你等我去游说吴越王，引发西江之水来迎接你，可以吗？鲋鱼听了我的话，气得变了脸色：我得一升半斗之水便可以活命，你却说出要我等西江之水这样的话，还不如趁早到干鱼店铺去找我呢！

这里，庄子以干涸车辙中鲫鱼的愤怒，说明了一个浅显的道理：当别人遇到困难的时候，要真心实意用自己的力量去帮助，而不是说大话，开空头支票。后来，"涸辙之鱼"作为一个成语，比喻处于极度困境、亟待救援的人或物。

再看"吞舟之鱼，砀而失水"的生存状况：

夫函车之兽，介而离山，则不免罔罟之患；吞舟之鱼，砀而失水，则蚁能苦之。故鸟兽不厌高，鱼鳖不厌深，夫全其形生之人，藏其身也，不厌深眇而已矣。

——《庄子·庚桑楚》

口能含车的大兽，一旦离开崇山峻岭，就不免有被猎人网罗捕杀的祸患；口能吞舟的大鱼，一旦脱离水面，困在岸上，就会被小小的蝼蚁伤害。所以鸟兽不厌山高，鱼鳖不厌恶水深。修行完备的人也是如此，他们会尽力隐匿自己的身形，不厌深居远处，以避灾祸找上门来。

这里，庄子以老子的弟子庚桑楚为代言人，强调万事万物都应顺其自然，为政者也要顺"天道"而行，无为而治。否则，逆天而行，就会事与愿违，就如同山中猛兽、水中巨鱼，离开了涵养自己的地方，也会遭受网罗之祸、蝼蚁之苦一样。引申开来，这些话给我们的警示是：即使你是个叱咤风云的英雄，发挥作用也离不开具体的条件和环境，失了势的英雄，不但没有用武之地，而且比不上得势的蝼蚁之辈，甚至会有生命之虞。正所谓"虎落平阳被犬欺，龙困浅滩遭虾戏"。

如果说庄子寓言中"涸辙之鱼""失水之鱼"与老子倡导的"鱼不可脱于渊"皆体现了道家阴柔自保之术的话，那么，下面这篇"相濡以沫，不如相忘江湖"的寓言，则蕴含着更深刻的"道"机：

泉涸，鱼相与处于陆，相呴以湿，相濡以沫，不如相忘于江湖。

鱼相造乎水，人相造乎道。相造乎水者，穿池而养给；相造乎道者，无事而生定。故曰：鱼相忘乎江湖，人相忘乎道术。

——《庄子·大宗师》

这里，庄子以鱼在水中畅游来比况人在道中。江湖浩瀚，鱼在其中优哉游哉，彼此相忘，恩断情绝。有水，鱼便能"出游从容"，享受在水中自由遨游的快乐。然而，一旦泉水枯竭，两条鱼便只能在陆地的小洼中共渡危难，共图生存——互相把自己嘴里的泡沫喂到对方的嘴里，以相互湿润，苟延残喘。在庄子看来，"相濡以沫"的场景固然感人，但哪比得上相互忘记，畅游于江湖之中自由快乐呢？由物及人，与其患难见真情，在困境中相依为命、垂死挣扎，倒不如根本无情，互不相识，各自在风平浪静的港湾中享受安逸的生活。

庄子并不推崇"相濡以沫"，他认为这是一种非常状态下的无奈

显而易见，庄子是不喜欢相濡以沫的，因为这并非生活的常态，而是一种非常状态下的无奈。庄子推崇的是：鱼游于江湖中忘记一切而优哉游哉，人游于"大道"（自然、自在、自由、自性）中忘记技巧手艺之类的"道术"而自由、自在地逍遥。换言之，人

和鱼一样，只有"相忘于江湖"，才会彻底摆脱对有限现实的依托和羁绊（"有待"），进而自由遨游于无限的天地之间（"无待"），无牵无挂，一任自然——这就是逍遥游的境界！

操舟蹈水亦有道

人孕育于水中，对水有着天然的偏爱，水中游弋确实充满着无穷的快意，而庄子更喜欢在"水中游"中悟道。除了鱼"相忘于江湖"这则精妙的寓言以外，庄子还在《达生》篇中，以孔子为代言人，给我们讲述了"津人操舟若神"和"孔子观于吕梁"的故事。

先看第一则：

颜渊问仲尼曰："吾尝济乎觞深之渊，津人操舟若神。吾问焉，曰：'操舟可学邪？'曰：'可。善游者数能。若乃夫没人，则未尝见舟而操之也。'吾问焉而不吾告，敢问何谓也？"

仲尼曰："善游者数能，忘水也。若乃夫没人之未尝见而便操之也，彼视渊若陵，视舟若覆犹其车却也。覆却万方陈乎前而不得入其舍，恶往而不暇！以瓦注者巧，以钩注者惮，以黄金注者殙。其巧一也，而有所矜，则重外也。凡外重者内拙。"

——《庄子·达生》

颜回求教于老师孔夫子：一次，我渡过一个叫觞深的渊潭，见船夫驾船的技术出神入化。我问他：驾船可以学会吗？船夫说：可以的。善于游泳的人经过数次练习就会掌握驾船的技能。假如是善于潜水的人，那么还未见到船就会驾驶了。我进而问他怎样学习驾驶他却不再回答我，请问老师他说的话是什么意思呢？

孔子回答说：善于游泳的人反复学习几次就会了，是因为他忘记了水的存在（习以成性适应于水而处之自然）。如果那善于潜水的人不曾见到船就能驾驶船，是因为他把深渊当成了陆地上的小丘，看待船翻犹如车子倒退一样。船的覆没和车的倒退等景象出现在眼前却不能扰乱他们的内心，这样的人到哪儿都会从容自得！用瓦片作赌注的人往往心态轻松而技高一筹，用铜带钩作赌注的人往往有所忌惮畏惧，用黄金作赌注的人往往心智糊涂昏乱。赌博的技巧本是一样的，却因赌注的不同而患得患失，那就是把身外之物看得过重了。大凡被身外之物所牵制的人，内心就变得愚笨而失常了。

再看第二则：

孔子观于吕梁，县（悬）水三十仞，流沫四十里，鼋鼍鱼鳖之所不能游也。见一丈夫游之，以为有苦而欲死也。使弟子并流而拯之。数百步而出，披发行歌而游于塘（堤岸）下。

孔子从而问焉，曰："吾以为子为鬼，察子则人也。请问：蹈水有道乎？"曰："亡，吾无道。吾始乎故，长乎性，成乎命。与齐（脐）俱入，与汨偕出，从水之道而不为私焉。此吾所以蹈水也。"孔子曰："何谓始乎故，长乎性，成乎命？"曰："吾生于陵而安于陵，故也；长于水而安于水，性也；不知所以然而然，命也。"

——《庄子·达生》

孔子在吕梁山上观水，看见吕梁洪上形成的瀑布有几十丈高，流水的泡沫溅出四十里，鼋鼍鱼鳖都不敢在这一带游动。忽然，看到急流中有一汉子随波逐流，以为他是不堪忍受人世之苦而寻死之人。急忙让弟子顺着水流去搭救他。谁知这汉子游了几百步后又露出水面，披散着头发边唱边游在堤岸下，一副优游自在的样子。

孔子很惊诧，走上前去问那汉子：我以为你是鬼，但仔细一看你是个人。请问：游水有什么特别的门道吗？汉子回答：没有，没有什么特别的门道。我起初是经常地玩水，长大了以后就习以为常，有一些成功也是顺其自然的结果。我跟水中的漩涡一起潜游到水底，又随着翻滚的波涛浮出水面，顺着水势而不作任何的违拗动作，这就是我会游泳的方法了。孔子又问：什么叫起初是故常，长大是习性，有所成就是顺其自然呢？那汉子解释道：我出生在山陵的地方

孔子吕梁山上观水，与在此急流中悠然畅游的汉子交流对话，从而悟出了许多道理

就安于山陵的生活，这就叫故常；长大了又生活在水边就安于水边生活，这叫做习性；我不知为什么会这样而这样活着，这就叫做命里注定。

第一则寓言中，庄子从游泳中感悟出了人生逍遥游的道理——"善游者数能，忘水也"，率性操舟，忘水游泳，心中无所顾忌，就会把水中之游当成履平地一般。善于潜水的人，即使没有划过船，也敢于撑船出没于江河湖海，因为他觉得水和陆地没有什么两样，有风浪，翻了船，如同车行陆上倾倒，扶正了就是了，没有什么大不了的。有鉴于此，庄子给我们指点迷津："忘水"是一种境界，对于人生而言，这种境界的取得是需要经历无数生活风浪的考验和历练，有了这种境界，就会坦然地面对人生的潮起潮落，处变不惊、宠辱不惊、胜固可喜、败亦欣然，这才是人生的智慧，而且是大智慧。

第二则寓言中，庄子讲到，吕梁丈人之所以能在"悬水三十仞，流沫四十里"的急流中畅游无碍，是因为他与水已浑为一体，水已成为他"故"（习惯）"性"（本性）"命"（生命）的一部分，即达到了"与天为一"、与自然浑然一体、"不知所以然而然"的境界。这种境界即道的境界，也就是逍遥游的境界。

由是观之，庄子的"逍遥游"其实是一种超越现实的局限性，摆脱名缰利锁、道德是非、逻辑理智束缚的一种悠然自得的心境，从这个意义上讲，庄子的"逍遥游"应该叫"游心"，它不是肉体的飞升，而是精神的逍遥。

持竿不顾为哪般

庄子大谈逍遥，是不是只是嘴上说说而已，现实中的庄子真的"逍遥游"了吗？我们这些有着"小人之心"的俗人总是嘀嘀咕咕，将信将疑，常常瞪着眼在庄子给我们留下的文字中到处寻找"破绽"。大概是庄子担心我们嘀咕（觉得他说一套做一套），便在《秋水》中讲述了一则自己与世俗"不合作"的故事：

庄子钓于濮水。楚王使大夫二人往先焉，曰："愿以境内累矣！"庄子持竿不顾，曰："吾闻楚有神龟，死已三千岁矣。王以巾笥而藏之庙堂之上。此龟者，宁其死为留骨而贵乎？宁其生而曳尾于涂中乎？"二大夫曰："宁生而曳尾涂中。"

庄子曰："往矣！吾将曳尾于涂中。"

首先要声明，这则故事的真实性比较高，因为司马迁在《史记·老子韩非列传》中记述了楚王礼聘庄子之事——"楚威王闻庄周贤，使使厚币迎之，许以为相"，虽说情节有些出入，但大致内容是一样的，以太史公治史之严谨，我们应该"信其有"。

中国的文人，从古到今，都有非常强烈的当官情结。当了官，抛开金玉满堂、威风八面不说，"君子之仕，行其义也"——单就能"立功"于世的成就感而言，就足具诱惑力。大言之，为官一任，造福一方，可以实现富国裕民的社会价值；小言之，展示自我，证明自我，可以实现功成名就的自我价值。于是为了当官，引得无数书生蜂拥科场，不惜为此折腰。我们知道，战国时代的风气，士人普遍受重视，有才能有名望的士人可以做官，也可以做被君主或贵族供养的学者清客。而且有意思的是，那时的各国诸侯国重士，并不以士人的学识是否实用为唯一标准，颇有点不分青红皂白，只要名声足够大就行的味道。庄子是当时的大知识分子，名声很大，颇受当时一些政治人物的敬畏，若想当官甚至做高官并非难事，至少做一名"不治而议论"的清客十分容易。当许多人意气风发，急不可待地奔向名利场的时候，面对唾手可得的高官厚禄，庄子却以一种书生的认真和呆气，拒之于千里之外，宁可坚守清贫，过穷困潦倒的日子。于是我们看到发生在濮水边一幕生动有趣的场景：

庄子在清澈的濮水边持竿垂钓，聚精会神地盯着鱼漂，耐心地等待着鱼儿上钩。不知什么时候，有两位衣冠楚楚的官人悄然来到庄子身边（他们乘坐的华丽的马车就停在不远处的大道旁）。为了表示对庄子的尊重，他们本想等庄子钓上一条鱼之后再说话，可是等了老半天，鱼儿也没咬钩，一位官人忍不住了，开口说道："先生，

《秋水》一文讲述了庄子与世俗"不合作"的故事

我们是楚威王手下的两位大夫,奉大王之命,请您出山。我们大王说,希望把国内政事托付给您,劳累您呢!"

看,这两位大夫多会说话。大概他们来之前研究过庄子,知道他有"不合作"的脾气,为了能打动他,非常谦恭而巧妙地用了一个"累"字(一定是事先设计好的!)。假如他们请的人不是庄子,而是孔孟,我想这二位一定会忙不迭地应承下来,丢下鱼竿便欣然前往了。当年,孟子在齐国难行"仁政",只好辞去官职,准备回乡,正要走时,齐宣王专门到馆舍去看孟子(大概是怕落个容不下贤人的恶名),说:"从前希望见到您而不可能,后来终于得以和您一起共事,我感到很高兴。可是,现在您又将弃我而去,不知我们以后是否还能相见?"孟子回答:"这本来就是我的愿望,我不敢请求罢了。"("不敢请耳,固所愿也。")齐宣王刚一表示惋惜(或许是假惺惺的),孟子便顺水推舟,迫不及待地提出愿意留下辅政的话。转过头来再看看我们的庄周先生,面对高官厚禄的巨大诱惑,竟心如止水,不为所动,他的表示是"持竿不顾"!

好一个"持竿不顾",简直是不屑一顾!对此,鲍鹏山先生有如下精彩点评:"濮水的清波吸引了他,他无暇回头看身后的权势。他那么不经意地推掉了在俗人看来千载难逢的发达机遇。他把这看成了无聊的打扰。"(《庄子下:人在江湖》)对此,易中天先生的看法是:庄子活得潇洒,在于他能够说"不要";只有能够说"不要",人才是自由的。

使命在身的两位大夫面对庄子"持竿不顾"的冷漠,当然不会死心,大概又喋喋不休地说了一大堆诸如楚威王如何贤明、您登上相位如何能大展宏图之类的话,弄得庄子很不耐烦,为了打发两位说客快走,他不得不放下了鱼竿,给他们上了一课:我听说楚国有一神龟,已经死了三千多年了,楚王用精致的竹箱装着它,用漂亮的巾饰覆盖着它,并把它珍藏在宗庙里。这只神龟,是宁愿死去留下枯骨表示尊贵呢,还是宁愿活着在泥里拖着尾巴呢?二位大夫脑子里没进水,他们不约而同地回答道:"宁愿拖着尾巴活在泥里。"庄子见二位大夫终于明白了自己的意思,便说:"你们走吧,我仍将拖着尾巴生活在泥水里。"

这就是奇人庄子,"表里如一"的庄子,不为世俗的功名利禄所动,拒绝权势的媒聘,表现出超凡脱俗的境界。纵观中国历史上众多的"钓叟",像姜子牙那样以垂钓为名行钓取功名之实者多多,像庄子那样纯粹为钓鱼而钓鱼的钓者少之又少,简直是凤毛麟角!有感于此,鲍鹏山先生在《庄子下:人在江湖》中说了一段感慨万端的话:

是的,在一个文化屈从权势的传统中,庄子是一棵孤独的树,是一棵孤独地在深夜看守心灵月亮的树。当我们都在大黑夜里昧昧昏睡时,月亮为什么没有丢失?就是因为有了这样一两棵在清风夜唳中独自看守月亮的树。一轮孤月之下一株孤独的树,这是一种不可企及的妩媚。

但庄子本人就真的超脱得不食人间烟火吗?我看未必,因为他毕竟是"无逃乎天地间"的需要吃喝拉撒的人,虽然对功名富贵常常投去轻蔑地一哂,但真正说来,庄子也不是不想做官,只是他看到现实世界太黑暗、太污浊、太不可救药了,让他失望至极,绝望透顶,所以干脆放弃了一切。《庄子·秋水》给我们讲的"惠子相梁"故事,就可以证明这一点。庄子一生曲高和寡,特立独行,是个经常"品味孤独"的人,他尝言:"君子之交淡如水,小人之交甘若醴;君子淡以亲,小人甘以绝。"(《庄子·山木》)君子的交往高雅纯洁,清淡如水,小人之间的交往包含着浓重的功利之心,甜得像甜酒一样;君子之间的交往平淡却心性亲近,小人之间的交往看似甘甜但随着利益的断裂,情义也会断绝。以这样的理念和心态去交朋友,他的朋友当然少之又少,如果有,惠子应算一个。

在世俗的世界里,庄子如同一棵孤独的树,在黑夜里看守着皎洁的孤月

惠子名施,战国中期政治家、哲学家,名家学派的代表人物,他学识渊博,思想独特,才思敏锐,尤其善辩。庄惠二人是典型的君子之交——他们是一对惺惺相惜的冤家朋友,旗鼓相当的辩论对手,一见面便摇唇鼓舌,争论不休,他们各自把对方的观点——一个主张有为,一个推崇虚无;一个提倡建立积极入世的"有用"之学,一个奉行游戏人生的"无用"之学,当成靶子,极尽批驳之能事,骂完之后各自走人,都觉得痛快、有味。后来,惠子好不容易在魏国做了相,屁股还没坐热,手下人便报告说:庄子来了,要抢

惠子画像

您的相位。惠子一听,气不一打一处来:好你个庄周,不是口口声声说不想做官吗,怎么我刚当上官你就跑出来捣乱?!于是,马上下令在全国范围内戒严搜捕庄子,抓了三天连庄子的影子都没找到。正当惠子不知所措的时候,庄子却自己找上门来,二话不说,便气咻咻地给他讲了一个故事:

南方有鸟,其名为鹓雏,子知之乎?夫鹓雏发于南海,而飞于北海,非梧桐不止,非练食不食,非醴泉不饮。于是鸱得腐鼠,鹓雏过之,仰而曰:"吓!"今子欲以子之梁国而吓我邪!

——《庄子·秋水》

南方有一只大鸟,叫鹓雏,你知道吗?鹓雏从南海起飞到北海去,不是梧桐不栖身,不是竹子的果实不食,不是甘甜的泉水不喝。在这时,有一只猫头鹰拾到一只腐臭的老鼠,鹓雏从它面前飞过,猫头鹰看见它,惟恐抢走它的食物,发出了"吓"的怒斥声。现在你也想用梁国来"吓"我吗?

这个故事讲得实在太精妙了,它通过不同动物的饮食差异来折射人格的差异——鹓雏是凤凰一类的鸟,喻指志向高洁之士;鸱是猫头鹰,喻指醉心功名利禄的人;腐鼠是腐臭的老鼠,喻指功名利禄。庄子明确告诉惠子,我就是高贵的"鹓雏",对栖身之地和食物、饮水等等是有严格选择的,即使穷困潦倒、穷途末路,也不会栖不择屋、饥不择食、渴不择水的!庄子没有直言痛斥惠子,而是用讲故事的方式绕着圈子骂人,尖刻、辛辣又痛快淋漓、余味无穷。

"不知腐鼠成滋味,猜意鹓雏竟未休。"可以想见,惠子闻听此言,一定尴尬万分,羞愧难当,恨不得地上裂出一条缝来,他好马上钻进去。

积厚方能负大舟

庄子不愿做官不假,但他并没有忘记水深火热中的芸芸众生,否则,就很难理解他能够安坐家中不辞劳苦、洋洋洒洒地记录他的思想,为我们留下了那么多指路导航的好文章。

庄子置身的是一个战祸连绵、危机四伏的社会环境,对苦难的现实有着真切的体验。我明白了,庄子之所以爱作"逍遥游",是因为现实的土壤充斥着尔虞我诈、弱肉强食、落井下石、蝇营狗苟,为了摆脱世俗的种种羁绊,他只好一次又一次地做心灵的飞升和遨游。但他的逍遥游从根本上来说还是精神上的,并非真正的出世,而是"寄沉痛于悠闲之中"(陈鼓应《老庄新论》)。尽管在庄子看来,他所处的社会已坏到无药可医的地步,但他仍不能完全舍弃这个世界。在《逍遥游》中,虽然作者对大鹏的"有待"而飞并不满意,但还是义正辞严地驳斥了蜩与学鸠对大鹏的嘲笑,批评其"小知不及大知",而且不吝笔墨,反复描绘了大鹏的雄伟形象,热爱之情溢于言表。庄子为什么对大鹏情有独钟呢?一位真正读懂庄子的学者诠释得十分到位:

一只大鹏在茫茫北冥中冲天而起,一颗心灵在深深苦闷中挣扎而出,幻想翅膀张开了,怒而飞向无何有之乡……有所待的大鹏失败了,那么心灵呢?有所求的心灵能在那广漠之野找到慰藉吗?答案显然是否定的。那雄伟的大鹏形象所体现的正是作者这种欲

庄子借鹏表达自己的心境

飞的理想以及无法飞走的悲哀。

　　大鹏是雄伟的，也是孤傲绝俗的，就如同庄子本人一样，千载之下，有谁能读懂他的心。想着这只孤傲的大鹏鸟，我隐隐地感觉到，庄子虽然游世，不愿与主流社会同流合污，但他的骨子里未必一点入世的基因都没有——鹏程万里的壮举及其深蓄厚养之功难道不都显示着一种入世的胸怀吗？正是基于此，庄子在为我们创造出一个巨鲲潜伏北冥、后又化为大鹏展翅图南的雄伟气象之后，又语重心长地说出了这样一个道理——积厚方能大成：

　　夫水之积也不厚，则其负大舟也无力，覆杯于坳堂之上，则芥为之舟；置杯焉则胶，水浅而舟大也。

　　　　　　　　　　　　　　　　　　——《庄子·逍遥游》

　　不妨以世俗的眼光对庄子的这段话进行释义，从而得到人生的另一种启迪：大海不深无以养大鱼，水积不厚无以载大舟，风积不厚无以举大翼。鲲如果不在大海之中深蓄厚养，就不能化而为鹏；大鹏图南，若无九万里厚积的风，借助于雄劲的风势，"则其负大翼也无力"。同样，人的识见、功力浮浅，则难以成就大的作为。这说明积厚是大成的必要条件。即使是聪明绝顶的人，要想成为一个栋梁之材，也必须走苦学、苦练、磨砺的积厚之路，而且积之愈厚，其成就的功业也越大。纵观古今中外，凡是大成之人，都有积学、积才、积势、积气的经历，经过千锤百炼，才肩负起"载大舟"的重任，干出一番大鹏"图南"般轰轰烈烈的壮举。反之，也不乏空怀"图南"之志，却不肯花大气力、下苦功夫去培育、积蓄自己的能量、力量者，到头来终究是庸庸碌碌，万事蹉跎，正所谓"水之积也不厚，则负大舟也无力"！

　　庄子还说："丘山积卑以不高，江河合水而为大。"（《庄子·则阳》）——小土山积累起来就成为山了，小江河汇集起来就成为海了，同样讲的是厚积薄发的道理，与"水积不厚无以负大舟"之类的言论有异曲同工之处。

投竿东海钩巨鱼

说到庄子有"入世"之心,还可以从他给我们留下的任公子"东海持竿,旦旦而钓"的故事中看出一些端倪:

> 任公子为大钩巨缁,五十犗以为饵,蹲乎会稽,投竿东海,旦旦而钓,期年不得鱼。已而大鱼食之,牵巨钩,錎(陷)没而下,骛扬而奋鬐(鳍),白波若山,海水震荡,声侔鬼神,惮赫千里。任公子得若鱼,离而腊之,自制(浙)河(今钱塘江)以东、苍梧以北,莫不厌若鱼者。
>
> ——《庄子·杂篇·外物》

庄子讲述"投竿东海"的寓言故事,表达出自己的生命意趣

话说从前有位任公子,特意打造了一副巨钩大绳的超级鱼竿,又拉来五十头肥壮的公牛做鱼饵。准备就绪后,他便蹲在会稽山上,将巨大的钓钩投向东海,等着大鱼来上钩。一年过了,还是一无所获。任公子毫不灰心,依然气定神闲,每天投竿如故。这天,一条大鱼游过来,在吞下了五十牛做的鱼饵同时,也让巨大的鱼钩咬住了自己。为了挣脱鱼钩,大鱼在水中上蹿下跳,掀起了座座山峰似的白浪,搅得大海剧烈震荡,发出的吼声犹如鬼哭神嚎,震慑千里之外。大鱼挣扎了一阵子,终于筋疲力尽,被任公子拉上岸来。任公子将这条巨鱼剖开腌制成干鱼肉,从钱塘江以东到苍梧(湖南九嶷山)以北的人们,没有不大啖这条大鱼之肉的。

遍读《庄子》一书,里面有关钓鱼的故事只有两则,一写庄子在濮水上垂钓拒聘,一写任公子钓趣恢弘。前者写庄子自己,有相当的真实性;后者写"投竿东海"豪迈垂钓的任公子,显系寓言,但联系《庄子》中反映的人生向往、生命诉求来看,它所体现出的庄子精神,却又是真实可信的。因此,与其说垂钓者是任公子,不如说是庄子本人。

庄子还有这样的名言:"荃者所以在鱼,得鱼而忘荃;……言者所以在意,得意而忘言。"可见庄子钓鱼,以及他写钓鱼,着眼的都不是钓和鱼,而是借钓和鱼,表达自己的人生向往和生命意趣。

任公子的垂钓，不屑于池中的小鱼小虾，而是专钓大海中的巨鲸大鱼，且钓得惊心动魄，堪称天下奇观（也只有庄子才会有此雄奇的想象）。这则寓言故事，庄子分明在以钓鱼寄托自己的襟怀：一种大气磅礴的生命情怀，一种充溢天地的浩然之美！既安贫乐道，又志在高远；不以打小闹为念，而是以"大达"为怀。在激赏任公子恢弘志趣的同时，庄子分明在告诉世人：胸怀远大理想目标的人，必须舍得投入和付出，必须锲而不舍、坚定不移地朝着既定的目标走，下足了功夫，做足了功课，自然会达到成功的彼岸。

河伯、井蛙的悲哀

老子之"道"，是一个处于万物之外或万物之先的高高在上的独立实体，让我们觉得玄而又玄，难以认清和把握；庄子之"道"则不然，他的道的世界不是抽象和玄想，而是赋形于自然中，无处不在（"道在蝼蚁""道在屎溺"），俯拾即是。

庄子喜言大，庄子善言大。比如，前面已提到的《逍遥游》中的北冥、天池以及巨鲲、大鹏，都是庄子哲学中至大的象征——由巨鲲潜藏的北冥，到大鹏振翼飞往的目的地天池，拉开了一个无穷开放的空间系统，创造出了一个广阔无边的大世界。再比如，《外物》中讲述的任公子东海之钓的故事——同样突出了一个"大"字。

庄子的朋友惠子曾批评庄子的言论"大而无用""大而无当"，说庄子学说像个大瓠（大葫芦），"坚不能自举"（用它盛水，质地太脆，无法提举），"瓠落无所容"（切开当水瓢，没有哪只水缸能容下它）。面对惠子的批驳，庄子颇不以为然，他同样以大葫芦说事："五石之瓠"可"为大樽而浮于江湖"（容积五石的大葫芦，挖空可以当船而浮游江湖），说明大葫芦不是无用，而是惠子"拙于用大"，且充斥"有蓬之心"（心地过于狭窄）。这就是有名的"大瓠之辩"（《庄子·逍遥游》）。其实，庄子之所以热衷于言大，并非从物质功利的层面出发，而是着眼于超然物外的"无所待"的精神自由，即"独与天地精神往来"（《庄子·天下》）——一方面，庄子看到在现实社会中，芸芸众生往往被拘于俗事之中，封闭心灵，见小不见大；另一方面，至大的物象如汪洋的大海、广阔的天空，还有巨鲲大鹏之类，都具有纵横万里的挥洒空间和气象，更容易展示庄子之"道"超越现实局限、恣意逍遥的境界。

我们不得不承认，在庄子的如海一般广阔深邃的大脑中，确实有着鲜明的"大海思维"——《庄子》一书有四五处写到大海，如：大海不溢不枯的思辨，鲲鹏从北海展翅南海的描绘，海神若与河伯的对话，任公子投竿东海旦旦而钓的志趣，等等。庄子笔下之所以常常出现大海这个意象，是因为大海的浩瀚无垠与他所推崇的洋洋大观的道是相契合的。"夫道，渊乎其居也。……覆载万物者也，洋洋乎大哉！"（《天地》）这里，庄子以深广无际的大海（水）比况道，让人们感受到道的渊深和博大。大海覆盖了地球表面的十分之七，是地球上最大的物象；大海既博大精深，又包罗万象，惟有大海，才更能体现老庄之道的无限和绝对。

事实上，庄子从来没给道下过定义，甚至连经典的表述都没有，庄子之道活泼跳跃地贯穿在那些精彩优美的寓言、对话之中。在《秋水》篇中，作者精心编制的关于黄河与大海、井蛙与海龟等具有象征意义的寓言故事，差不多把庄子之道的内涵和境界诠释到了极致：

秋水时至，百川灌河，泾流之大，两涘渚崖之间，不辨牛马。于是焉河伯欣然自喜，以天下之美为尽在己。顺流而东，至于北海，东面而视，不见水端。于是焉河伯旋其面目，望洋向若（北海神）而叹曰："野语有之曰，'闻道百，以为莫己'者，我之谓也。且夫我尝闻少仲尼之闻而轻伯夷之义者，始吾弗信。今我睹子之难穷也，吾非至于子之门，则殆矣，吾长见笑于大方之家。"

秋天到了，洪水汹涌而至，千百条河流都把满满当当的水灌向宽大的黄河。河水大涨，黄河的河面更加宽阔了，隔河望去，对岸的牛马都分辨不清。这样一来，黄河之神

河伯来到北海，方知天地之浩瀚

河伯找不着北了，以为天下最壮美的景色都荟萃在自己这里。得意之余，想起了有人跟他提起的北海，于是决定到那里去看一看。河伯顺流来到黄河入海口，面朝东方放眼望去，只见北海汪洋一片，横无际涯。他痴痴呆呆地看了一会儿，蓦然升起惭愧的念头，急忙收敛起自己志得意满的面孔，面对着北海之神海若感叹道："俗话说，'听到了上百条道理，就以为谁也比不上自己'，这话说的是我呀。如今我亲眼看到了你这样浩瀚无穷，我要不是因为到了你的门前，可真的危险了。那样，岂不被有见识的人永远地耻笑。"

河伯代表河，海若代表海。这里，庄子拿具体、单个的黄河与"不见水端"的北海之水相比，分明是有限的现实和无限的"道"的精妙比况。河伯作为黄河之神，看到自己浩荡东流的伟大样子，感到十分得意，以为天下之水都不能和自己相媲美。当他看到浩淼无垠的大海时，才发现自己原来是那样的渺小，自大自负的心态一下瓦解了，转为一种由衷的汗颜。的确，"天下之水，莫大于海。万川归之，不知何时止而不盈；尾闾泄之，不知何时已而不虚；春秋不变，水旱不知。此其过江河之流，不可为量数。"（《庄子·秋水》）万川之水受陆地上旱涝条件的限制，有盈有枯；而大海却"春秋不变，水旱不知"，超越了时空、因果、条件等各个方面，表现为永恒、不变、无限、绝对。但这种永恒、不变、无限、绝对同样是相对的，因为海之大，比之天地，不过是"小石小木之在大山"而已——"计四海之在天地之间也，不似礨空之在大泽乎？计中国之在海内，不似稊米之在太仓乎？"庄子以海神作为道的代言人，用一层一层的比较来显示大小的相对性，最后达到无形和无限，这才是庄子之"道"的本质内涵。用庄子自己的话说：道是"注焉而不满，酌焉而不竭"（《庄子·齐物论》）的。

如果你在梦中神游，进入了庄子勾画的"道"之路径，与河伯、海若结伴，沿着"河—海—天地"这一轨道走下去，进行一番超越有形、有限，达到无形、无限的攀跃……你就醍醐灌顶，领悟到庄子之道的精妙，并获得这样的人生启迪：人不是世界的主宰，人必须走出自己的小天地，以敬畏的心态看待他物，这样才会不断发现我们所不熟悉的新天地、新价值、新境界。

《秋水》篇，还有一则著名的"井中之蛙"故事，同样深刻地表达了无限之"道"

与有限事物的差别。井中之蛙以为自己"擅一壑之水",享受着无穷的美和快乐,为了炫耀它在井中惬意的生活,专门请东海之鳖来观摩,但"东海之鳖左足未入,而右膝已絷矣",只好"逡巡而却"。海龟见井中之蛙得意洋洋的样子,虽然颇为不屑,但它还算厚道,遂把大海的壮观情形讲给了井蛙听:

"夫千里之远,不足以举其大;千仞之高,不足以极其深。禹之时十年九潦,而水弗为加益;汤之时八年七旱,而崖不为加损。夫不为顷久推移,不以多少进退,此亦东海之大乐也。"于是埳井之蛙闻之,适适然惊,规规然自失也。

井中之蛙与河伯的心态惊人一致,也是局限于小而未见于大,因而盲目自大,神气活现,当然会让人家笑掉大牙。对此,庄子还以北海神为代言人,为我们分析了井中之蛙之所以坐井观天的原因——"井蛙不可语于海者,拘于虚也"。井蛙因受时空等条件的限制,才没看到自己的渺小。由物及人,不难看到,井蛙的心态,就是世人常有的自大心态——因"拘于虚""笃于时""束于教",往往以自我为中心,以为自己耕耘的"一亩三分地"土壤最佳、长出的庄稼最好、产量最高,沉迷其间,津津乐道,全然不知自己和脚下田地的可怜和渺小,全然不知外面有更加广阔和精彩的世界,岂不可悲?!

庄子"井中之蛙"的故事讽刺了盲目自大之人

"井蛙"的故事,让我联想到司马迁《史记》中记载的夜郎自大典故。汉朝的时候,在中国的西南方有个名叫夜郎(今属贵州)的小国,由于它周边的国家比夜郎还小,加之夜郎国王从没有离开过自己统辖的小天地,便以为夜郎是全天下最大的国家。汉武帝初年,为了加强与西南少数民族的联系和打通去往身毒(今印度)的道路,朝廷派使者赴夜郎安抚他们,当使者来到夜郎国时,骄傲又无知的国王因不知道自己治下的国家只和汉帝国的一个县差不多大,竟不知天高地厚地问使者:"汉与夜郎国哪个大?"这一问,不但"问成"了一则千古笑谈,也造就了一个精妙的成语:"夜郎自大"。想想看,这夜郎国王和井蛙何其相似！后来，"井蛙"成了一个充满象征意义的文化符号，人们把那些浅薄无知而自我陶醉、自以为是的人统统称之为"井蛙"。与此同时，人们还充分利用这个绝妙的素材，作文论事，编排故事（就连小学生作文也常以"井蛙"为题，表达自己的看法），使井蛙的形象日益生动丰满起来，成为警示人们的绝好教材。

推及当今社会，如果做进一步的联想，我们发现庄子所讲的"河伯见大海"和"井中之蛙"的故事，确实振聋发聩，意味深长。"望洋兴叹""贻笑大方"早已成为人们熟知的成语。"望洋兴叹"的现代意义一般是指做事时因力不胜任或没有条件感到无可奈何。而它的原始意义是指"以天下之美尽在己"的河伯，面对广阔无垠的大海发出的羞愧不及和赞美不已的感叹（"始旋其面，望洋向若而叹"），体现出的是一种哥伦布发现新大陆般的惊奇。如果把这个成语中的"洋"字理解为近代文化意义上的"洋"，并用"望洋兴叹"去形容近代中国人的一般心态，应该是比较贴切的。当妄自尊大的天朝大国抵挡不住西洋人坚船利炮的时候，中华民族付出了沉重的代价才开始睁眼看世界。今天，如果我们不打开国门，实行改革开放，恐怕我们更要"望洋兴叹""贻笑大方"了。

水静则明见道心

老庄为我们设计的道是恍惚无形的，是感官所不能感知的。为了让我们更好地体道，庄子不但给我们讲了不少生动、形象的有关水的寓言故事，同时还教给了我们一个直观识道的办法——静观法。"水静则明"，于是庄子又信手拈来水来论道：

万物无足以铙心者，故静也。水静则明烛须眉，平中准，大匠取法焉。水静犹明，而况精神圣人之心静乎！天地之鉴也，万物之镜也。夫虚静、恬淡、寂寞、无为者，天地之平而道德之至，故帝王圣人休焉。休则虚，虚则实，实则备矣。虚则静，静则动，动则得矣。

——《庄子·天道》

水之性，不杂则清，莫动则平；郁闭而不流，亦不能清。天德之象也。故曰：纯粹而不杂，静一而不变，淡而无为，动而天行，此养神之道也。

——《庄子·刻意》

人莫鉴于流水而鉴于止水。唯止能止众止。平者，水停之盛也。其可以为法也，内保之而外不荡也。

——《庄子·德充符》

水静则平，平则易清，清则明洁，这是一种常见的水的自然属性，但慧眼独具的庄子却从中发现了静水与体道之间的契合点：水之平、静、清、明，都是静止而非流动所致，这正与老子的"无为"思想一脉相承，与庄子所推崇的"虚静、恬淡、寂寞、无为"的人格修养别无二致。"圣人休焉"，也就是圣人之心就像绝对静止的死水一般，不受任何外界因素的影响，其内心也没有任何波动。达到这种无忧无虑无为的心境，这也就接近道了。

庄子从静水中悟出了其与道之间的契合点

水有动静、清浊，水静则清，能够映照；水动则浊，不可为鉴，正所谓"人莫鉴于流水而鉴于止水"也。古时没有玻璃明镜，故那时人照面，或用铜镜，或用水。静水清澈，可以照面，还可以映照万物——这使我想到了南宋大学问家朱熹的两句诗："半亩方塘一鉴开，天光云影共徘徊。"(《观书有感》)方塘水清而静，犹同一面镜子，照见了"天光云影"。清水能照见人，使人获得关于"自己"的认识，进而也可以照见人的"心"——因为人的"内心世界"（如正气或邪气）可以通过人的外在形象表现出来。这样，水、镜通过认识这个中介，便与心、思挂起钩来。

庄子以静水能照见万物（特别是人自己）的特性，譬喻心静则可以察天地之精微，镜万物之玄妙。由此可以看出，庄子的止水静观之喻，与老子的"涤除玄鉴"以及释家禅宗的"心如明镜台"有异曲同工之妙。庄子要人们效法"渊而静"(《庄子·在宥》)的水，是为了提醒人们要时刻保持静的状态——心静则智慧生，从而更能准确地接收和判断信息，以一种不偏不倚、公正无私的心态认识和对待万事万物。

如何做到心如明镜止水，庄子也给我们开出了良方，比如"心斋""不撄心""澡雪精神"等。

——心斋，就是心的斋戒。"唯道集虚。虚者，心斋也。"(《庄子·人世间》)虚，就是心的空与明，空可容物，明可照物。用通俗的话说，所谓心斋，就是虚怀若谷，澄静清明。

——不撄心，就是不扰动心，如同不能搅动静水一样。水动则泥沙俱起，浑浊浮动，如人心中物欲充斥，杂念横生，心浮气躁，就会失却晶莹剔透之心，当然也就无法体道即洞鉴宇宙之奥妙、人生之真谛了，此所谓"其嗜欲深者，其天机浅也"（《庄子·大宗师》）。

——澡雪精神，就是"斋戒，疏瀹而心，澡雪而精神，掊击而知"（《庄子·知北游》）。通过斋戒静心，疏通心灵，清扫精神，破除才智，使身心保持纯洁，成为无知无欲之人。在庄子看来，知、欲都是惑乱人心的东西，有了它们，人的心灵和能力就会扭曲，就无法认识大道。只有通过"澡雪"——洗刷心灵，洗涤精神，打破知识，心灵才能如明镜止水一样，映照出道来。

但是，上述的方法只是庄周先生的一厢情愿。试看这人世间，从古至今，有几个人真能达到心如明镜止水的境界？！

潜在的山水精神

在中国传统文化系统中，老庄的道家哲学在不经意间渗透出的"山水精神"，对中国美学的孕育和发展产生了深远的影响，这或许是老庄本人都没想到的。本来，在老庄哲学中，"自然"一词的意思是指自然而然的状态，并非指包括山水在内的大自然。老庄思想特别是庄子思想对山水审美的影响，主要不是表现在其著作中有关山水的只言片语上，而是体现在其哲学思想中本身已包涵着自然山水审美意识的潜在逻辑内涵。推崇"逍遥游"的庄子，尽管极力追求"无江海而闲"（《庄子·刻意》）的"逍遥游"境界，但这种理想的境域只存在于虚拟的"无何有之乡"中，在现实社会中是不存在的。在人类的生存空间中，大自然的山山水水是纯粹的，没有尘世的喧嚣和纷争，这正充分体现了庄子哲学中自然之道的人生理想。从这种意义上说，庄子的哲学思想中散发着浓郁的"潜在山水精神"。

庄子之后，从晋宋玄学大师们开始，才真正把庄子的自然之道和"逍遥游"的人生理想具体化到自然的山山水水上。不过，如果真正走入庄子的内心世界，你会发现庄子其实是个热爱生命、热爱生活的人，他追求逍遥但却难以摆脱人生的种种羁绊，只好转而追求精神的独立，向往神人（至人）的境界，幻想着能够"不食五谷，吸风饮露。乘云气，御飞龙，而游乎四海之外"（《庄子·逍遥游》），不肯把自己的生命耗费在立功立名的市场价值上。在现实生活中，庄子从来没把自己封闭起来（只是不愿与世俗同流合污），他喜欢置身于大自然的山水中寻找精神家园，体验得道的快乐，尝言"山林与，皋壤与，使我欣欣然而乐也"（《庄子·知北游》）。于是，我们看到，在华夏的江河湖海之上，留下了他一串串"逍遥游"的脚印。

——在一条名为濠水的小河边，庄子与好朋友惠子就是否知晓"鱼之乐"这个问题进行了千古一辩，两位思想家唇枪舌剑，辩得智慧的火花四溅，辩得波澜不兴的濠水风生水起（无名之水因之留名千载）。其实，庄子之所以对濠水中"出游从容"的鱼儿充满艳羡，缘于他不但对"鱼之乐"感同身受，而且更带着艺术欣赏的情调。

——在濮水之上，他持竿而钓，优游自得，沉浸在波光水色中。面对功名利禄的诱惑和骚扰，他用"持竿不顾"来表达自己对世俗的鄙夷和对濮水的痴迷。

——在波翻浪涛的水上，他经常看到行船的人操舟自如，若有神助；游水者披波而行，如履平地。羡慕之余，他悟出了"善游者忘水"的真谛。

——在黄河入海的地方，他发现了河的渺小、海的伟大，也发现了有限与无限的巨大差别，感喟之余，精心编排了"河伯望洋兴叹"的故事。

——在海浪放歌的地方，他常常面对大海心驰神往，或把自己的道与浩淼无垠的大海相比况，发出诸如"夫道，洋洋乎大哉"之类的咏叹；或把大海所具有的广阔空间与逍遥游的人生理想联系起来，比如，北冥之鱼和大鹏飞往的天池，任公子"旦旦而钓"的东海，都向我们暗示出"逍遥游"与大海的神秘关联……

元代《扁舟傲睨图》，老庄的道家哲学中的"山水精神"，对中国美学有着深远的影响

第六章 非禹之道也，不足谓墨——墨子与水

先秦诸子多为坐而论道者，但墨子是个例外，他不但思想深邃，独创墨家学说，而且还是一位身体力行的实践家和能工巧匠，堪称中国古代"知行合一"的典范；与此同时，墨子还是"站在天下立场为天下谋"（易中天语）的思想家，是倡导"科学、民主、自由、平等、博爱的先驱"（木心语）。耐人寻味的是，墨子所创立的墨家学说与孔子创立的儒家学说在百家争鸣的先秦时期冠盖群说，并称"显学"——甚至一度抢了儒家的风头，难怪孟子会酸溜溜地说："杨朱墨翟之言盈天下。天下之言，不归杨，则归墨。"（《孟子·滕文公下》）足见墨家在战国时期的影响之大、气势之盛。然而，秦汉以降，由于儒学独尊地位的确立，加之"墨者俭而难遵"等因素，墨学渐成衰微之势，并几近湮没，但墨家的思想和精神并未因此灭绝。历史进入近代，墨学再度复兴，并一度被视为拯救中华民族危亡的济世良方，接引西学的工具。

墨子画像

如果能耐心读完体现墨家学说的《墨子》（为墨子及其弟子与后世学者著述的总汇），你会发现，它简直就是一部"百科全书"，几乎包罗了当时可能获得的各种知识，涉及哲学、伦理、政治、经济、管理、军事、教育以及自然科学的各个门类——尤其是自然科学方面，墨学在诸子学说中堪称绝无仅有、奇葩一朵，举凡天文、物理、化学、数学等基础学科以及制造工艺、土木建筑、测量等技术领域，无不涉猎。从水文化的视角去探宝寻珍，我们同样会满怀丰收的喜悦——在墨子质朴明白、条理严谨的言论中，蕴含着丰富的水文化元素。

奉大禹为精神教主

墨子出身平民（大概出于工匠之家），被人称为"布衣之士"和"贱人"。相传他制作的"木鸢"，与他同时代的一位能工巧匠鲁班不相上下，都能在天上连续飞三天三夜不落地。墨子更是一位具有开拓精神的思想家，他的思想源头可以追溯到大禹——大禹是中华立国之祖，也是一位治水专家、工程师的鼻祖，是他领导民众消除了经年不息的水患，才使"中国可得而食也"（《孟子·滕文公上》）。

或许是旁观者清，关于大禹治水精神对墨子及墨家的影响，道家学派的代表人物庄子看得最为透彻，他引用墨子的话来说明问题：

墨子称道曰："昔禹之湮洪水，决江河，而通四夷九州也，名川三百，支川三千，小者无数。禹亲自操橐耜而九杂天下之川，腓无胈，胫无毛，沐甚雨，栉疾风，置万国。禹大圣也，而形劳天下也如此。"使后进之墨者，多以裘褐为衣，以跂蹻为服，日夜不休，以自苦为极。曰："不能如此，非禹之道也，不足谓墨。"

——《庄子·天下》

对于治水英雄大禹，墨子佩服得五体投地，赞美之辞溢于言表：从前大禹治水时堵塞洪道，疏通长江、黄河使四夷九州沟通起来，整治的大河有三百条，分支河道三千条，小沟小河不可计数。大禹亲自抬筐挥铲，带领民众疏川导河，排水入海。为了治水，大禹劳碌奔波，成年累月赤足泥行，顶风冒雨，累得身形消瘦，汗毛不生，才将天下安顿下来。禹是大圣，仍亲自为天下事务如此操劳。因此，要让后世的墨家，多用羊皮、粗布做衣服，用木鞋、草鞋做装饰，日夜不停地操劳，把自身的清苦当作自己的行为准则。墨子推崇大禹的目的，显然是为了自己的思想主张做铺垫，最后，他掷地有声地说：不这样做，就不是大禹之道，就不配称作墨家！

不难看出，墨子对大禹的推崇，主要有两方面，一是大禹采用"疏"的科学治水方法，这与墨家尊重科学技术的思想是别无二致的；一是大禹治水，不辞劳苦，亲力亲为，这与墨家崇尚世人难为的苦行精神是别无二致的。由此也可以认定，墨家的理论和实践，实际上都是以大禹治水精神为依归的。正如有学者指出的那样："如果说墨家学派带有某种宗教神秘性,那么他们所信奉的最高精神教主,就是大禹。"

诚然,儒家和道家对大禹治水的精神也是推崇备至的。但是,真正以具体行动实践这种"禹之道"的,却只有墨氏一家,别无分店。墨子热心于济世救民,其学说的基本内容包括尚贤、尚同、兼爱、非攻、节用、节葬、天志、明鬼、非乐、非命等,皆为救世之术,与大禹治水、为民造福的精神一脉相承。从行动上看,墨子及其弟子以大禹亲操橐耜、栉风沐雨的做法为榜样,注重实践,身体力行,他们多系参加生产劳动的劳动者,亲自种地、做工,尤其是手工制造更是他们经常从事的劳动和必须掌握的基本技能。墨子本人即是精通机械制造的工匠。墨家这样做的目的,一方面是为了不当寄生虫,自己动手,丰衣足食;另一方面是为了总结劳动经验或制作生产工具,推而广之,惠及百姓。尤为难能可贵的是,墨子不但亲自参加生产劳动,而且生活俭朴,刻苦自厉,"日夜不休以苦为极",同时富于奉献和牺牲精神,"摩顶放踵而利天下"(《孟子·尽心上》),以身殉道,死不旋踵。上述行为所表现出的言行一致、亲身践履、严于律己、勇于奉献的品格,无疑是大禹治水精神的传承和弘扬。

墨家不但以大禹为心中的榜样,而且躬行效法。在《墨子》中,多处可见赞美大禹治水为民造福的勋业和品质的文字。如"兼相爱,交相利,此圣王之法,天下之治道"(《兼爱中》)。他还大量征引大禹治水的事迹,说明"兼爱"的主张取法于大禹等古代圣王的主张和实践。

况乎兼相爱,交相利……古者圣王行之。何以知其然?古者禹治天下,西为西河鱼窦,以泄渠孙皇之水;北为防原派,注后之邸,嘑(滹)池(沱)之窦,洒为底柱,凿为龙门,以利燕、代、胡、貉与西河之民;东为漏之陆防孟诸之泽,洒为九浍,以楗东土之水,以利冀州之民;南为江、河、淮、汝,东流之,注五湖之处,以利荆、楚、干、越与南夷之民。此言禹之事,吾今行兼矣。

——《墨子·兼爱中》

墨子的这段议论无疑是有感而发,他是针对有些人说什么兼爱好是好但难以行得通而做出的回应。他说:兼相爱、交相利,古代圣王如大禹就实行了。过去大禹为了平治天下的水患，在西边治理西河和渔窦，以排泄渠、孙、皇等河流；在北边治理防、原、泒等河流，使之注入昭余祁和滹沱河，并使黄河在砥柱山分流，凿通龙门，以利于燕、代及北方一些部族和西河的百姓；在东边治理疏导大陆泽的积水，一方面把它拦截入孟诸泽，另一方面用九条河来分流，来限制东边的水北犯，以利于中原的百姓；在南方治理长江、汉江、淮河、汝河，使之东流，注入太湖一带的湖泊中，以利于荆楚、吴越与南方少数民族的人民。显而易见，墨子之所以不厌其烦地记述大禹不辞劳苦，四处奔波，疏导九州各河，消除各地水患，惠及人民的"兼爱"事迹，旨在说明大禹是"兼爱"各方百姓的榜样，从而批驳了兼爱行不通的滥言，增强了论证的说服力。

墨子本人是一位精通机械制造的工匠

"尚贤"是墨子治国的基本纲领。战国初期，政权仍为贵族封建主垄断，广大下层士人要求参与政事、当家作主的呼声日益高涨。对此，墨子提出了"使能以治之"的任人唯贤原则，强调用人应当"不党父兄，不偏富贵，不嬖颜色"（《尚贤中》），"虽在农与工肆之人有能而举之"，进而提出了"官无常贵，民无终贱"（《尚贤上》）、"贤者举而尚之，不肖者抑而废之"（《尚贤中》）的尚贤主张。他还以"鲧禹治水，一败一成"的事例，阐明了选贤任能方能安邦治国的道理：

昔者伯鲧，帝之元子，废帝之德庸，既乃刑之于羽之郊，乃热照无有及也，帝亦不爱。然则天之所使能者谁也？曰若昔者禹、稷、皋陶是也……禹平水土，主名山川。

——《墨子·尚贤中》

尽管鲧的出身十分高贵，官职地位很高，但他德薄才庸，一味实行堵的办法治水，"九年而水息，功用不成"，被诛殒命。鲧死后，他的儿子禹危难受命，继续率领民众治水。德才兼备的禹吸取了前辈治水失败的教训，改弦更张，采取以疏为主的办法治水，同时以身作则，"劳身焦思，居外十三年，三过家门不敢入"（《史记·夏本纪》），终于平定水患，"主名山川"，成为功高盖世的圣王。

如果说公而忘私的大禹治水精神是中华民族精神的一个标志性符号，那么墨子的思想和行动则充分体现了"大禹之道"，或者说深深地打上了大禹治水精神的烙印。墨子及其弟子最让人感动的，是他们"兴天下大利，除天下大害"为己任的超强担当意识，是他们为了实现"兼爱"、"非攻"等利人主义理想而赴汤蹈火、舍生取义的崇高精神，这种风范是悲壮的、崇高的，是墨家为中华民族贡献的一笔弥足珍贵的文化遗产，其所彰显的文化价值与道德精神是中华传统观念中最积极、最耀眼的成分之一。

由此我想到另外一个问题，就是后来墨家的式微，除了墨家学说与统治阶级思想不合拍，以及遭到后来在思想上处于独尊地位的儒家排斥与非难等因素外，是否与他们"摩顶放踵""以苦为极"的严酷自律，让后世人望而却步、不堪忍受与坚持有关呢？

兼爱犹水

同先秦其他诸子一样，务实的墨子有时也会跑到水边思考问题，也善用水来做譬喻，阐明事理、论证观点，这样做的目的当然显而易见，无非是为了增强其思想观点的说服力、感染力，同时给略显朴拙的行文平添了些许生动与趣味。

"兼爱"是墨子的社会伦理思想的核心（前文已对墨子有关"兼爱"的主张进行了初步分析），其实质是"爱利百姓"，施惠天下。墨子认为造成家、国、天下动荡不安的根源，是人人不相爱，彼此冷漠、憎恶，甚至不惜刀光剑影，用血腥的战争来满足一己之私利。因此，他提倡"兼相爱，交相利"，认为如果整个社会都处于爱意融融的互利关系中，天下定会实现和谐美满。在古道热肠的墨子看来，人与人之间彼此相亲相爱并不难：

苟有上说之者，劝之以赏誉，威之以刑罚，我以为人之于就兼相爱交相利也，譬之犹火之就上，水之就下也，不可防止于天下。

——《墨子·兼爱下》

"兼爱"这种作法，不但有利于天下，而且容易做到，之所以不能施行，是因为执政者对此不感兴趣。倘若执政者大力倡导推行"兼爱"之道，就如同火向上窜、水往低处流一样，会在天下形成一种不可遏止的态势。墨子希望通过提倡兼爱解决问题，这当然只是一种理想，那些热衷于逞强争霸的诸侯们，哪里会听得进墨子的这套"乌托邦"

主张。就连提倡仁爱的儒家（他们主张的爱是有差等的）对墨子的"兼相爱"（爱无差等）诟病不已,孟子甚至破口大骂："墨氏兼爱,是无父也。无父无君,是禽兽也！"（《孟子·滕文公下》）仅就此点而言,儒家的境界远不如墨家。

君子不镜于水而镜于人

墨子十分重视执政者的德行问题,强调道德修养是立身和治国的根本,要求君子必须加强个人品德修养,努力提高道德水准。他还不无忧虑地指出了不注意品行修养的危害：

墨子以水源污浊则整条河也必将浑浊来形象地说明品德修养的重要性

本不固者未必几（危）,雄而不修者其后必惰,原（源）浊者流不清,行不信者名必耗。

——《墨子·修身》

这里,墨子以水的源头污浊,整条河流也必将浑浊的自然状况,形象地说明了忽视品德修养,做人为官就容易私欲熏心、滥施恶行。多行不义必自毙。长此以往,就会陷入污秽的深渊不能自拔,招致身败名裂的恶果。

执政者道德修养的提高,仅靠"内力"——自身的主观能动性还是不够的,还要靠"外力"——以别人为镜子对照检查自己。墨子引用古语说：

君子不镜于水,而镜于人。镜于水,见面之容；镜于人,则知吉与凶。

——《墨子·非攻》

首先要说明的是,墨子所处的战国时代没有今天透视度很高的玻璃镜,只有铜镜还是奢侈品,故寻常百姓家大多以水为镜照面。这里,墨子谆谆教导大人先生们：不要以水为镜子,而要以人为镜子。因为,以水为镜,只能看到自己的长相；以人为镜,才知道自己心灵的善与恶、行为的吉与凶。

"君子不镜于水,而镜于人",真乃金玉良言！确实,生活中离不开镜子,不论是洗脸还是出门时照照镜子,可以端详到自己的容貌,让自己衣着得体,举止得当。而生活中还有另一面镜子,我们的眼睛或许看不到,但却如影随行地伴随在左右,这面镜子就是：

人。人贵有自知之明。然而,仅凭自我意识,还不能完全自知,还需要以别人为参照,即"镜于人",从而照出一个真实的自我——洞悉自己精神境界的高与低、学识能力的优与劣、为人处事的对与错,进而见贤思齐,择善而从,修身养性,打造出一个全面升级版的"自己"。

千载之后的唐朝贞观十七年(643年),直言敢谏的一代名臣魏征逝世,唐太宗李世民十分难过,流着眼泪对身边的侍臣说:"夫以铜为镜,可以正衣冠;以史为镜,可以知兴替;以人为镜,可以明得失。朕常保此三镜,以防己过。魏征没,朕亡一镜矣。"(《旧唐书·魏征传》)意思是说,一个人用铜当镜子,可以照见衣帽是否穿戴得端正;用历史当镜子,可以知道国家兴亡的原因;用人当镜子,可以发现自己的对与错。这分明是墨子"镜于人"思想的发扬光大。

江河不恶小谷之满己

"亲士"是墨子的重要政治主张之一。墨子认为,要治国安邦,君主必须亲近贤士,使用贤才。《墨子》的第一篇便是《亲士》,专门讨论了亲士和用士问题:

良弓难张,然可以及高入深;良马难乘,然可以任重致远;良才难令,然可以致君见尊。是故江河不恶小谷之满己也,故能大……是故江河之水,非一源之水也……夫恶有同方不取,而取己者乎?盖非兼王之道也……是故溪陕(狭)者速涸,逝(流)浅者速竭。

执政者只有像江河纳百川那样,不捐小流,虚怀若谷,才能广泛延揽使用各方面的人才;只有像江河有无数源头那样,善于听取和采纳不同的意见,才能兼收并蓄,兼听则明,使君臣上下同心同德,实现天下大治。反之,如果器量狭小,不能包容万物、广布恩泽,就会像狭小的溪流容易干涸、浅浅的河道容易枯竭那样,成为孤家寡人,最终会导致众叛亲离、迅速败亡的下场。历史上这方面的事例可谓举不胜举,大家熟悉的项羽和刘邦,就是一对正反典型。项羽"力拔山兮气盖世",有万夫不当之勇,但心胸狭窄,连一个忠心耿耿的老臣范增都猜忌不用,最后兵败垓下、自刎乌江也就不足为怪了。而刘邦呢,自己虽然本事不大,但虚怀若谷,礼贤下士,萧何、张良、韩信等英杰都愿意为他卖命，最后终于打败强大的项羽，一统天下，建立汉朝，亦可说是顺理成章。

令人眼前亮光一闪的是，墨子的上述思想中还透露出些许哲学的意味——"江河不恶小谷之满己也，故能大"；"江河之水，非一源之水也"，以江河成其泱泱巨流是由千川万源汇聚而成的事例，说明事物发展过程本质上是通过量变的积累实现质变的。

墨子还从事物对立面的转化、量变到质变的飞跃中，隐隐约约地感到了"度"的客观存在，提出了"太盛难守"的命题：

是以甘井近竭，招（乔）木近伐，灵龟近灼，神蛇近暴……故曰：太盛难守也。

——《墨子·亲士》

水质甘甜的井常常被争先汲取而枯竭，高大有用的乔木往往先被砍伐，占卜灵验的宝龟总是先被烧灼，祈雨有效的神蛇一向先被拿去曝晒……这些"太盛难守"的现象恰好与辩证法所讲的适度原则有惊人的一致性。在墨子看来，为人做事必须把握好"度"，不可"太盛"。否则，事物往往会转向其对立面，"泰极否来"并非危言耸听。可见，墨子已从自然界和社会的一些具体现象中体悟到了矛盾对立面之间相互转化的规律，尽管他的这个认识是朴素的，模糊的，不明确的。

打退"水的进攻"

有人说，先秦诸子中，孔子是影子政府的创始人，老子是独立思想的创始人，而墨子则是中国历史上政党的创始人。仔细琢磨一下，这话说得还真有些道理。

墨子与其他先秦思想家不同的是，他广收门徒，建立了一个组织严密、纪律严明，又能干预社会事务的类似于后世政党性的团体，成员多达数百人。墨家的成员都称"墨者"，他们大多能文能武，具有治国理政的操作能力，不像儒道两家的一些弟子，"四体不勤，五谷不分"，纸上谈兵所向无敌，但真的做起实际工作来却笨手笨脚，甚至束手无策。更为难能可贵的是，墨家弟子信念非常坚定，为了救

墨子率众弟子精心研究守城之法，其中开挖深而广的护城河是重要环节

世济民，他们可以"赴汤蹈刃，死不旋踵"。由于墨子正义在身，加之手上掌握着这样一支"王牌军队"，因而底气十足，多次阻止了诸侯间的战争。

"兼爱""非攻"是墨子一生的追求，并试图以墨家的一己之力营建一个和谐大同的世界。但弱肉强食、以大凌小的严酷现实，让墨子不得不收起自己的理想退而求其次，先帮助弱国、小国"活"着。墨子认为，弱国、小国要生存下去，必须加强自保，即用防御战争反对侵略战争，实现"武装和平"。史载，墨子曾以义理之辨、守御器械之精，成功阻止了齐伐鲁、鲁攻郑、楚侵宋等三次箭在弦上的战争，显示出超人的智慧和胆识。特别是墨子"自鲁奔楚，止楚攻宋"，成为他生平最为闪光的履历之一，在青史上传为佳话。

墨子阻止诸侯间的攻伐，并不满足于只打"热爱和平"的旗帜，也没有一味依赖于说教，他深知诸侯争霸，有些战争不可避免。为了备战御敌，克敌制胜，墨子率众弟子精心研究防御之术、守城之法，形成了积极防御的军事学说，这些学说主要载于《墨子》中的《备城门》《备水》等11篇涉及军事内容的篇章中。

古代"城"的营建，一般出于军事防御的需要，往往城池并重，即在修筑城墙时，还要在外面挖一条护城河，与城墙共同构成有机的防御体系。《墨子·备城门》中强调，"凡守城之法，厚以高，壕池深以广"，即是说，为了强化城池的防守，既要使城墙厚且高，又要让护城河深而广。在冷兵器时代，水是阻挡敌人进攻的一道重要屏障，开挖护城河当然是越深越宽越好了。

墨子时代，滔滔江河、滚滚激流已成为诸侯以水代兵的工具。《墨子·备城门》中记录了墨子与禽滑厘关于如何加强防守、打退强敌进攻的一段对话：

禽滑厘问于墨子曰："……甲兵方起于天下，大攻小，强执弱，吾欲守小国，为之奈何？"子墨子曰："何攻之守？"禽滑厘对曰："今之世常以攻者，临、钩、冲、梯、堙、水、穴、突、空洞、蚁傅、轒辒、轩车，敢问守此十二者奈何？"子墨子曰："我修城池，守器具，推粟足，上下相亲，又得四邻之救，此可以持也。"

禽滑厘，墨子的首席弟子，也是他的忠实信徒和得力助手。一次，禽滑厘向老师求教：假如我作为一个小国、弱国的守将，面对强敌包括"水攻"（即决水淹敌之法）在内的十二种进攻方式，如何应对呢？墨子胸有成竹，给出了破敌三招：一是物质方面，修缮城池，备足防守器具和粮食物资；二是精神方面，上下亲和，同仇敌忾；三是借助外力方面，请友好邻邦出兵相助。当然，这只是战略（宏观）层面的应对方略，在战术（微观）层面，墨子和弟子们都经过反复研究演练，形成了一套完整的防御体系，尤其是对于最难对付的水攻，更有一套针对性极强的对策：

城内堑外周道，广八步，备水谨度四旁高下。城地中偏下，令耳（渠）亓内，及下地，地深穿之令漏泉。置则（测）瓦井中，视外水深丈以上，凿城内水耳（渠）。并船以为十临，临三十人，人擅弩计四有方，必善以船为轒辒。二十船为一队，选材士有力者三十人共船，亓十二人人擅有方，剑甲鞮瞀，十人人擅苗（矛）。先养材士为异舍，食亓父母妻子以为质，视水可决，以临轒辒，决外隄（堤），城上为射机疾佐之。

——《墨子·备水》

面对兵临城下、大水灌城的严峻形势，当务之急是要打退"水的进攻"。具体的方法和步骤是：第一，在城中地势较低的地方开挖渠道，在地势更低的地方挖井，使它们相互贯通，以便引水泄漏。第二，在井中置放"则瓦"，随时测量井中的水位，如果发现水深达到一丈以上，就开渠泄水。第三，挑选训练有素的三百精兵以及快船二十只，组成决堤突击队，出其不意地冲到城外，决堤放水。为了加强攻击力量，每两只船并列在一起，叫做"一临"。每临配备三十名孔武有力、具有专门技能的士卒，携带弓弩、长矛、锄头、头戴盔、身披甲，利用黑夜，在城上"射机"（一种发射矢石的机械装置）的掩护下，冲到城外，持锄挖堤，并辅以无坚不摧的轒辒车冲撞堤坝。所谓"轒辒船"，是一种特制的坚船，不惧刀砍、火烧、木击、石砸的攻击，有很强的破坏力。

通过以上记述，我们看到，墨子破解敌人水攻的招法确实高明，他不是单纯地消极防御，而是在挖沟排水、保障城池不被大水淹没的前提下，组成决堤突击队，冲到城外决堤放水，从而以攻为守，里应外合，变被动为主动。有道是，进攻是最好的防守。如果一味地龟缩死守，虽然短期内可保城池无虞，但长时间被水围困，成了一座孤城，如果敌人一而再、再而三地进攻，城破就只是时间问题了。

第七章 水无常形，兵无常势——孙子与水

春秋末期，中国思想界星光灿烂的天空，闪烁着三颗最为明亮的星体——孔子、老子和孙子，他们一个是儒家的鼻祖，一个是道家的创始人，一个是百世兵家之师。

"水淋淋"的兵书

其实，在先秦诸子百家中，兵家当是最受各国诸侯欢迎的一家——列国之间，弱肉强食，你争我夺，或争霸或自保，军事斗争是主要手段，谁也离不开领兵打仗的人。历史为兵家提供了纵横驰骋的天地；而残酷频繁的战争，则为兵家的锻造提供了火红的熔炉。于是，我们看到，春秋战国之时，一大批军事家争先恐后地走上历史的舞台，运筹帷幄，斗智斗勇，上演了一出又一出威武雄壮的大戏。但大浪淘沙，有"兵圣"之盛誉者，惟孙子一人而已。

孙子名武，字长卿，春秋末期齐国乐安（今山东惠民，或说博兴、广饶）人，出身于精通军事的世袭贵族家庭。长辈给他取名为"武"，字"长卿"，显然是期望他武能安邦，建立一番勋业。孙子在军事上的伟大建树主要体现在他为后人留下了一部伟大的军事著作——《孙子兵法》上。这部不过六千余字（6074个字）的兵书，包罗宏富，言简意丰，深刻揭示了军事斗争的普遍规律，对中国乃至世界的军事理论和实践产生了深远的影响。《孙子兵法》既是一部大讲战略的军事理论著作，又是一部传授"运用之妙，存乎一心"作战指导原则的读本；同时也是一部精粹的哲学经典，其兵法理论中总揽全局、综合比较、求实超前的能动运筹理论和能动辩证、因利制权的作战指导思想，被广泛应用于外交、经济、体育等非军事领域，直接或间接地影响着人们的各种生产实践活动。

孙子画像

需要指出的是,《孙子兵法》虽然是一部兵书,但却把"不战而屈人之兵"作为最高的境界,可见,从骨子里,孙子并非好战,而是反对战争的,即便是不得已而战,也主张要"慎战",最好是不战而胜——这是典型的农耕民族的性格。如果战争不可避免,孙子又提出:一方面,"兵者,诡道也",就是通过一切有效的手段,哪怕是诡计、诈术,只要达到胜利的目的就行;另一方面,"兵贵胜,不贵久",强调速战速决,尽量缩短战争的时间,以减少战争的消耗和损失。

《孙子兵法》竹简

在《孙子兵法》十三篇中,有七篇直接涉及水与战争的关系。我理解,《孙子兵法》之所以有这么多有"涉水"的分子,原因主要有两条:

第一,与《兵子兵法》完成的地域——吴国有关。孙武是齐人,他的国家历史上不乏长于谋略的军事家、政治家,比如齐国的开国之君姜太公,辅佐齐桓公"霸诸侯,一匡天下"的管仲,还有齐景公时熟谙兵法、善于带兵打仗的司马穰苴(即田穰苴),等等。另外,孙子的祖辈也多是智略过人的将领。在时代、国情、家风的熏陶下,少年孙武就对军事产生了浓厚的兴趣,加之天赋过人,小小年纪就有不凡的见解,被人视为未来的大器。孙武也想长大后报效自己的母国,但齐国卿大夫之间残酷的倾轧,特别是功勋卓著的军事家司马穰苴的蒙冤而死,让他陷入恐惧和失望的深渊,感到如果在齐国待下去,不但平生抱负难施,而且还有性命之虞。孙武可不想当政治斗争的牺牲品,于是横下一条心,于十八九岁(约为齐景公三十一年,公元前 517 年)时候毅然远走高飞,投奔了吴国。南方的吴国自寿梦称王以来,联晋伐楚,国势日盛,颇有新兴气象。孙武认定吴国会给他提供大展经天纬地之才的舞台。

在吴都(今苏州)郊外,孙武结识了从楚国投奔而来的伍员,即后来大名鼎鼎的伍子胥,二人都是旷代英才,惺惺相惜,很快结成莫逆。开始的时候,孙武"避隐深居",继续潜心研究兵法,著书立说。孙武想,我写的这部兵书,将来是要呈给吴王作为晋见之礼的,而吴国争霸的对象,首当其冲是越国和楚国,吴越、荆楚之地,本是水乡泽国,河流纵横,湖泊棋布,到处是水。这样的地情水情条件,对行军作战影响很大,因而兵书中自然不能忽视在多水环境下的作战问题。

另外,孙武在撰著兵法时,吴与越已结下深仇大恨,为了让吴王读他的兵法时倍感亲切,孙武在兵法中每以吴、越之事为譬:

与吴人与越人相恶也,当其同舟而济,遇风,其相救也如左右手。

——《孙子·九地篇》

以吾度之,越人之兵虽多,亦奚益于胜败哉?

——《孙子·虚实篇》

第二,孙武在撰著兵法时,一定认真观察过水、思考过水。他发现,在行军打仗中,如果断了水,比断粮还可怕;他发现,"兵形象水",而水所独具的无常形及兼有利与害、柔弱与刚强、防御与进攻两重性的特点,与战争的特性有着某种惊人的相似之处;他还发现,以水代兵的战例在古今中外的战争史上屡见不鲜。于是,孙武看到了水的力量,受到了水的启迪。以水的特性和功用论述军事思想,堪称《孙子兵法》的鲜明特色之一。

遗憾的是,"水淋淋"的《孙子兵法》中没有出现一个"海"字,尽管孙子出生地和活动的区域均离家大海不远。造成这种情况,只能从我们农耕民族本身的文化中找原因——由江河孕育的中华农耕文明,明显缺乏海洋国土的观念。

一般认为,吴王阖闾上台后不久,孙武便完成了兵法十三篇的著述。我个人觉得,如果此说成立,孙武二十多岁便写就了《孙子兵法》这部成熟的大作,以他的年龄和阅历,似不可能。很可能这部兵法在呈给吴王时,仅是个毛坯初稿。以后,孙武经过数十年的南征北战,心得颇多,并于晚年归隐山林后对"十三篇"进行了全面修订和补充,使之臻于完善。

阖闾是位雄才大略的君主,他登上王位后便励精图治,实施富国强兵政策,"任贤使能,施恩行惠",发展农业生产,使吴国迅速强大起来。在伍员的大力举荐下(史载为"七荐孙子"),孙武终于走进了吴王的宫殿。二人见面,寒暄了几句,孙武便将自己所著的兵法呈给了吴王。阖闾开始读孙子的兵法时,似乎有些漫不经心,但很快便被竹简上深邃的思想和精妙的战略战术所征服,情不自禁地拍案叫绝。阖闾是个聪明人,看罢孙武的全部兵法，忽然产生了一个念头：这兵法讲得头头是道，用于实战是否真的有效呢？孙武本人是不是夸夸其谈之徒呢？他眉头一皱，计上心来，当场让孙武"试以妇人"（操练宫中的美人）。面对吴王抛来的这块"烫手山芋"，孙武没有畏惧退缩，而是从容镇静，胸有成竹，用他的大智大勇导演了一出"吴宫教战""斩姬练兵"的好戏，让吴王心服口服。他把宫中一百多名美女分成两队，分别让吴王最宠爱的两个妃子当队长。哪想，这些平时恃宠而骄的宫女根本不把孙武放在眼里，你说东，她偏向西。孙武很有耐心，一面进一步向她们讲解战阵之法，一面向她们重申了军纪。但这些宫女还是嘻嘻哈哈，一副我行我素、自由散漫的样子。孙武大怒，下令将两位队长即吴王的两位爱妃处死，吴王求情也不行。再行操练，上下肃然，进退有度。

吴王让孙武"试以妇人"，以验证孙武实战能力，却没想孙武严厉操练，将其两位不听劝诫的爱妃处死

通过这件事，吴王深知孙武善于用兵，于是拜他为将。从此，在孙武与伍员等人的筹划指挥下，吴国西破强楚，南服越人，北慑齐晋，赫然进入"春秋五霸"之列。

"激水之疾"的重势思想

形势，是现代人耳熟能详的一个词语，指"国际与国内的时事发展趋势"。《孙子兵法》中，"形"与"势"被分开使用，形，指战争中客观、经常、易见的东西，如军队的数量、实力等；势，则指战争中人为制造一种态势，而且这种态势有时是看不见、摸不着的，只能感觉它的存在。如毛泽东提出的"陷于人民战争的汪洋大海之中"的命题，"汪洋大海"就是一种能制胜的"大势"，但只能感知，不可触摸。

孙子十分重"势"，他在兵法十三篇中15次提到势。在《计篇》中，孙子对决定战争胜负的道、天、地、将、法等"五事"进行比较分析后，接着便提出了一个关于"势"的概念。他说："计利以听，乃为之势，以佐其外。势者，因利而制权也。"计算客观利害，意见得到采纳，这只是战争的常法，还要凭借常法之外的变法才能把胜利的可能变为现实。这个"变法"就是"因利而制权"的势。在《势篇》中，孙子又说："故善战者，求之于势，不责于人，故能择人而任势。"善于用兵作战的人，追求的是如何创造有利于作战态势而获取胜利，而不是苛求部属以苦战取胜，所以他能够选择得力干将去利用和创造破敌的有利态势。战场中的这种"势"，很难用具体的战例和具体的语言表达出来。孙子怕人们懵懂，便用现实中常见的激水漂石现象作喻：

激水之疾，至于漂石者，势也。……是故善战者，其势险，其节短。

——《孙子兵法·势篇》

汹涌奔腾之水，之所以能够漂起石头来，是因为借助了强大的水势。善于作战的人，他所创造的态势是险峻的，他所掌握的行动节奏是短促而猛烈的。这里，孙子提出了"势险"和"节短"两个重要原则。"势险"说的是军队要处于险峻、有利的位置，如居高临下，如突然袭击。"节短"说的是军队发起冲锋的距离，孙子用"鸷鸟之疾，至于毁折"作喻，要求军队发起冲锋时应像雄鹰搏击小鸟那样，凶猛快捷，短兵相接。这就对指挥作战的将帅提出了明确要求，即在作战时，一定要注重造势，以争取主动，形成有利态势，从而打垮敌人。

为孙子上述高论作注脚的有解放战争时期著名的渡江战役。当时，中国人民解放军百万雄师在西起湖口、东至江阴的千里战线上强渡长江，在较短的时间内便突破了国民党军队精心构筑的长江防线，占领了南京、上海、武汉等大城市，解放了长江以南广大地区。抛开国民党军队军心涣散、抵抗能力较差不说，也与解放军全线进攻、迅猛出击，造成排山倒海的态势有着极为重要的关系。

交战的双方是否处于有利的态势固然重要，但战争的胜负还主要取决于军事实力的对比。即使一方处于非常有利的形势，如果实力相差悬殊，还是难以取得最后的胜利。孙子十分清醒地看到了这一点，又提出了"形"的概念。《势篇》说："强弱，形也。"这里所谓的"形"，指的是军事实力。孙子认为，创造条件，积蓄军队的作战力量，使自己立于不败之地，是战胜敌人的客观基础；在这个前提下，去等待和寻求战机，才能把优势化为胜势：

> 善用兵者，修道而保法，故能为胜败之政。故胜兵若以镒称铢，败兵若以铢称镒。胜者之战民也，若决积水于千仞之溪者，形也。
>
> ——《孙子兵法·形篇》

孙子把敌对双方的力量对比建立在科学计算的基础上，而且要求这种强弱对比如同"以镒称铢"那样占有绝对优势。他以高高的山上决开积水奔腾而下，其势不可阻挡来比喻军队具有强大的战斗力，认为只有这样的军队，用兵作战时才会有横扫千军如卷席之势，摧枯拉朽，战无不胜。

由此可见，《孙子兵法》中的"势"，主要强调的是主观能动作用的发挥，从而造成有利的形势；"形"，主要强调的是军事实力。只有在一定的"形"的基础上，发挥将帅的指挥才能，造成有利的"势"，才能克敌制胜。难能可贵的是，孙子在认识论上具有朴素的唯物主义倾向，他没有随心所欲地夸大人的主观能动性，他的头脑是清醒的、理智的。而以水为喻，使得"势""形"这对抽象概念变得具体、生动和形象起来，让我们易于理解，便于掌握。

"不竭如江河"的奇正之术

用兵作战，灵活运用战略战术十分重要。对此，孙子提出了"奇正"和"虚实"的思想，告诉领兵打仗的人："凡战者，以正合，以奇胜。"凡是作战，都是以"正攻法"（按套路出招）交战，而用"奇"（不按规则出牌）取胜。换言之，指挥作战应灵活机动，既要遵循常法，又要根据战场形势，随机应变，从而达到克敌制胜的效果。

孙子非常重视战术的"奇正"，尤为偏爱"奇"的运用。他说：

孙子以江河的灵动来比喻用兵的灵活

战势不过奇正，奇正之变，不可胜穷也。奇正相生，如循环之无端，孰能穷之？故善出奇者，无穷如天地，不竭如江河。

——《孙子兵法·势篇》

井陉之战是运用孙子"奇正"思想的经典战例

"奇"与"正"的关系，最富于变化，"奇"可以变为"正"，"正"可以变为"奇"。为了形象地表达"奇""正"变化之关系，善用比喻的孙子信手将天地和江河拈来，用以阐述奇妙的"奇正"思想，指出：一个高明的将帅，应随机应变，视战场情况的变化而变换奇正战法，犹如天地一样，春夏秋冬、四季更替，变化无穷；犹如江河滔滔，不舍昼夜，永不枯竭。活用奇正之术，变化奇正之法，是指挥员应变战场瞬息万变形势所必须把握的艺术。在敌我双方对峙的战场上，尽管奇正的变化"无穷如天地，不竭如江河"，但落脚点往往在一个"奇"字上。唯有善出"奇"者，才算领悟到了奇正变化的要旨。

由此我想到了一代名将韩信，他导演的"井陉之战"无疑是体现孙子"奇正"思想的经典战例。公元前204年十月，韩信在平定了魏国、代国的割据势力后，越过太行山，向东挺进，兵锋直指赵国。此时，由于刘邦已把韩信的精兵调往荥阳前线正面对付项羽，韩信手中只有近期招募的3万军队。经过急行军，汉军来到井陉口（今河北井陉东，为古代著名的关隘之一），在关外三十里处安营扎寨。对手深知韩信的厉害，赵王歇和主帅陈余不敢怠慢，统帅20万大军扼守井陉口，居高临下，以逸待劳，坐等韩信前来送死。面对敌众我寡和粮草接济困难的严峻形势，韩信决定主动出击，速战速决。这天半夜时分，韩信先派2000名骑兵，每人携带一面红旗悄悄出营，埋伏在敌人营垒附近，准备乘隙袭占之，断其退路；又派1万多人渡过绵蔓水（冶河，流经井陉境内），背水列阵，以迷惑调动赵军。赵军本来就认为韩信的军队不过区区3万人，没有什么了不起，如今望见汉军背水列阵，无不嘲笑韩信不会用兵，对其更加轻视。天亮时，韩信亲率大军向井陉口的赵军逼近。赵军见状，纷纷打开营垒，挥戈迎战。韩信佯装败退，与事先背水列阵的汉军汇合。赵军以为汉军要逃之夭夭，遂倾巢而出，企图一举歼灭之。汉军将士见背靠大河，无路可退，便以一当十，拼命死战。正在双方打得难解难分之际，埋伏在赵军营垒附近的2000名精兵突然冲进赵军营垒，拔去赵军的旗帜，遍插汉军的红旗。赵军久攻汉军不下，欲暂时收兵回营，择机再战。惊回首，但见营中到处飘扬着汉军的旗帜，以为老巢被端，顿时军心大乱。汉军乘势掩杀，前后夹击，大败赵军。汉军以少胜多，大败数十倍于己的强敌，战后诸将亦莫名其妙，便向统帅请教。韩信说，兵法云："兵士甚陷则无惧，无所往则固，深入则拘，不得已而斗"。敌众我寡，如果陈兵于活地，将士何能拼命死战呢？听完韩信的一番分析，诸将无不叹服。

井陉一战充分体现的韩信高超的指挥艺术。背水列阵虽是兵家大忌，但韩信没有墨守成规，而是逆向思维，奇正并用，出奇制胜，从而谱写了中国战争史上光彩夺目的篇章。

有人说，狭路相逢，勇者胜；背水作战，赌徒胜。的确，背水作战，是兵家大忌，但韩信却能置之死地而后生，这当然有赌的成分。其实，战争就意味着风险，在很多时候，交战的双方都没有绝对的把握，只不过，高明的指挥员善用"奇正"之变，精于筹划，灵活运用，故能把这种风险（或者说"赌"的失算）降低到最低的限度。韩信不愧为一代名将，他不但深谙孙子的"奇正"哲学，而且用漂亮的实战践行了这一思想，正所谓"运用之妙，存乎一心"了。

与奇正之法相对应，孙子又进一步提出"虚实"思想，即"避实而击虚""因敌而制胜"的作战指导原则。

"虚实"是奇正的具体表现形式，是指军队作战所处的两种基本态势——力弱势虚和力强势实之间的辩证关系。孙子在深刻的观察和思考中，发现水形与兵形有着十分相似之处：

夫兵形象水，水之形，避高而趋下；兵之形，避实而就虚。

——《孙子兵法·虚实篇》

用兵的法则就像流动的水一样，水流动的规律是避高而趋下，用兵的规律则是避开敌人坚实之处而攻击其虚弱的地方。

如何做到"避实而就虚,因敌而制胜"呢?孙子认为应根据敌情变化灵活运用各种战法而打败敌人。他又一次以水作喻:

水因地而制流,兵因敌而制胜。故兵无常势,水无常形,能因敌变化而取胜者,谓之神。

——《孙子兵法·虚实篇》

地势的高下制约着水的流向,作战应根据敌情而决定克敌制胜的方针。所以,用兵没有固定不变的方式方法,就像水流没有固定的形态一样;能够依据敌情变化而取胜的,就称得上用兵如神了。这就告诫指挥员,指挥作战时要针对敌情变化而采取灵活机动的战略战术,才能把握胜利的主动权。

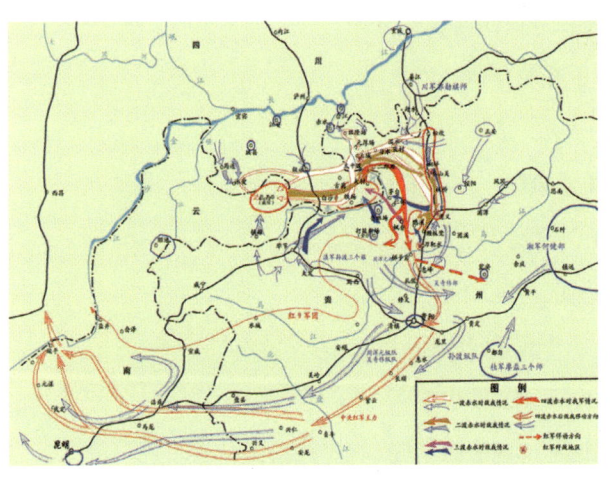

四渡赤水战役行军路线示意图

孙子因水之启示而提出的"避实就虚"作战法则,为历代兵家战将所推崇,并成为屡试不爽之克敌致胜的法宝。比如,大家耳熟能详的"围魏救赵"之战,就是经典的战例。再如,被毛泽东称为一生中的"得意之笔"的"四渡赤水"之战,更是避实就虚、变被动为主动的光辉范例。四渡赤水战役,是红军长征时期毛泽东根据情况的变化,实行高度灵活的运动战方针,纵横驰骋于川、黔、滇边界广大地区,迂回穿插于数十万敌军之间。通过四渡赤水,不但摆脱了强敌的围追堵截,而且避敌之长,击敌之短,一再造成敌人的错觉,从而寻找到战机,歼灭了大量敌人,最后巧渡金沙江,终于实现了北渡长江的计划,使红军在危急关头,从被动走向主动,从失败走向胜利。

古希腊哲学家赫拉克利特有一句名言:"人不能两次踏入同一条河流。"河水在不停地流动,当人们第二次踏入这条河流时,接触的已经不是原来的水流,而是变化了的新水流了。智者所见略同,孙子用与赫拉克利特的观点一样,他把战争看成是水一般"流动体",而不是"凝固体",并由此提出了"兵无常势,水无常形"的著名军事格言,对后代兵家以莫大的启示。斗转星移,四时更替,一切客观事物都处于发展变化之中。战场上的情况更是瞬息万变,如果千篇一律、墨守陈规地对待各种不同的战争情况,就会坐失战机,甚至会导致满盘皆输。

临水作战的四项基本原则

天时、地利、人和都是决定战争胜负的重要因素。孙子重视天时、人和，同样也没有忽视地利，认为掌握好地利，是克敌制胜的先决条件。在《孙子兵法·行军篇》中，孙子论述了充分利用各种地形行军作战的方法，特别对"临水作战"的原则做出了精辟阐述：

绝水必远水；客绝水而来，勿迎之于水内，令半济而击之，利；欲战者，无附于水而迎客；视生处高，无迎水流，此处水上之军也。……上雨，水沫至，欲涉者，待其定也。

在这段简约的文字中，孙子提出了临水行军作战的四项基本原则：

第一，"绝水必远水"。部队通过江河后必须迅速远离之，以免陷入背水作战的险境。远离江河，既可引诱敌人渡河，致敌于背水之地，又可使自己进退自如，畅通无阻。

临水作战中的一条重要原则就是、在敌军渡河进攻行进至河中一半时要全力反攻

第二，"客绝水而来，勿迎之于水内，令半济而击之，利"。"半济（渡）而击"，这是一条极为重要的原则。站在守方的立场考虑，敌军渡河进攻，要乘其渡河至一半时便全力反攻，歼敌于进退维谷之中。如果攻方还在对岸蓄势待发，守方切忌主动出击，渡水迎敌，否则就会大大消耗自身的力量，难以做到事半功倍；如果让攻方安然渡河进入守方阵地，人家气势正旺，且无退路，必然拼死进攻，守方抵抗将十分困难，即使获胜，也要付出较大的代价。站在攻方的立场考虑，则必须采取一切办法和手段，迅速脱离"半渡"有状态，提前做好迎战的准备，以免半途受到攻击，以至溃不成军。

第三，"欲战者，无附于水而迎客"。这条原则包括两方面的含义：一方面，如果我方决心迎战，那就要适当远离河川来布置，诱敌半渡而击；另一方面，如果我方不准备迎战，那就阻水列阵，使敌人不敢轻易强渡。

第四,"视生处高,无迎水流"。即在江河地带驻扎,也要居高临下,不要处于江河下游,以防止敌军从上游顺流而下,或决堤放水,或投放毒药。水战据上游,无疑可获得地利的优势。关于这一点,孙子还强调,在涉江渡河时,要注意观察水势,不能莽撞行事。他说:"上雨,水沫至,欲涉者,待其定也。"河流上游下暴雨,看到水沫漂来,要等水势平衡以后再渡,以防山洪暴至,猝不及防。

孙子之所以能够提出上述"四项基本原则",绝不是拍脑门的凭空想象,而是在总结历史上许多战争胜败得失经验教训的基础上得出的真知灼见。比如,"半济而击"原则的提出,当是在很大程度上汲取了宋襄公"泓水之战"惨败的沉痛教训。

公元前638年(周襄王十四年)夏,宋襄公出兵伐郑。郑文公向楚国求救,楚成王接报后,没有直接去救郑国,而是统帅大军浩浩荡荡杀奔宋国。宋襄公见情况不妙,连忙从郑国撤兵,回救宋国。《左传·僖公二十二年》绘声绘色记述道:

> 宋公及楚人战于泓,宋人既成列,楚人未既济。司马曰:"彼众我寡,及其未既济也,请击之。"公曰:"不可"。既济而未成列,又以告。公曰:"未可"。既陈(阵)而后击之,宋师败绩。公伤股,门官歼焉。

公元前638年夏的一天,宋国军队在泓水(今河南柘城县西)北岸扎好营盘不久,楚国大军也赶到了对岸。翌日天一亮,楚军便调动兵马准备渡河,此时宋军已在泓水北岸严阵以待,处于"半流而击"的有利态势。司马子鱼对宋襄公说:"敌众我寡,待楚军渡到一半,我军乘机杀过去,方能取胜。"但宋襄公拘守"不鼓不成列"的君子原则,不许宋军出击。待到楚军全部渡河,在河岸上整顿兵马布阵的时候,子鱼又急劝宋襄公下令向正在处于混乱的楚军发起冲锋。宋襄公还是不肯,认为人家没布好阵就去打,称不上仁义之师。说话间,楚军排列整齐,呐喊着冲了过来,宋襄公这才下令出击。但由于楚强宋弱,宋襄公虽然身先士卒,带头冲杀,也没有挽回失败的命运。宋军大败,襄公也被流矢射中了大腿,身边的护卫全部阵亡。这次战争本来不是中国历史上的关键之战,但却非常有名,并留下了两个著名的成语,一是"半渡而击",一是"宋襄之仁"。

后来,孙子将这个战例总结为"勿迎之于水内,令半济而击之",这就是半渡而击的经典来源。事实上,孙子写定《兵法》不久,"半济而击"的原则便在实战中得到了检验。公元前506年,吴楚交战,吴军在柏举(今湖北省麻城附近)击败楚军后,乘胜追击,于清发水(今湖北省安陆西的府河)追上楚军。吴军采取"半济而击"的战术,乘楚军正在渡河的混乱之际,发起进攻,把楚军打得落花流水。

以水代兵的注意事项

以水代兵,是交战双方惯用的伎俩,对此,孙子洞若观火。在《孙子兵法·火攻》篇中,孙子在专门论述了火攻的方法后,还特别提出以"以水助攻"的问题,说:"以水佐攻者强,水可以绝。"认为用水来辅助进攻,攻势可以加强。水可以分割、断绝敌军,从而达到战胜敌人的目的。

历史上,以水攻助战、以水代兵并获得胜利的战例比比皆是。如建安二十四年(219年),蜀军大将关羽奉刘备之命率军攻打魏将曹仁把守的樊城,曹仁的兵力远逊于关羽,情况危急。曹操派大将于禁、庞统引兵数万,南下增援。不料是年八月,连绵大雨不断,长江最大的支流汉江(襄樊以下称襄河)泛滥,平地水深数丈。于禁援军只知在樊城一带据险而守,却不知洪水的厉害,结果所率七军皆被大水所困。关羽趁机率荆州水军大举进攻,斩庞德,擒于禁,取得了"威震华夏"的辉煌战绩。

水是生命之源,在战争中时常扮演着生死攸关的角色。孙子对水源保证在作战中的重要性有非常深刻的认识,指出在各种地形与条件下争战都不要忽视水的因素,以免陷入被动甚至危险的境地。如果在山地行军作战,孙子强调要"绝山依谷",即在山地作战必须沿着溪谷行进,因为山谷地形比较平坦,取水方便,且丛林密布,隐蔽条件好。如果在盐碱沼泽地行军作战,孙子强调要"绝斥泽,惟亟去无留;若军交于斥泽之中,必依水草而背众树",即通过盐碱沼泽地带,

如在山地行军作战,孙子强调要沿着溪谷行进,因为山谷地形平坦,取水方便,且丛林密布,利于隐蔽

要迅速离开，不可逗留；如果同敌军遭遇于盐碱沼泽地带，那就必须迅速靠近水草并背靠树林，因为一旦缺乏水草等军需供应，军队就会陷入十分被动的境地。

三国时，诸葛亮为了实现"北定中原，兴复汉室"的大业，六出祁山，北伐中原，由于各种原因，每次都铩羽而归，留下"出师未捷身先死，长使英雄泪满襟"的千古遗恨。其中，建兴六年（228年）诸葛亮第一次北伐的失败，就与水有关。

经过几年的苦心经营，蜀国聚集了相当的力量。诸葛亮见时机成熟，便统率大军攻出祁山（今甘肃礼县东），一路势如破竹，攻下祁山北面的天水、南安、安定等三郡。在这样的大好形势下，诸葛亮决定以参军马谡为主将、王平为副将，率领2万人马抢占并扼守军事要地街亭（今甘肃秦安县东北陇城镇），这样即可以卡住魏军西进的道路，又可以作为北伐大军进退时的接应。来到街亭以后，马谡察看了地形，对王平说：这一带地形险要，街亭旁边有一座山（龙山），山高谷深，形势险要，正好在山上扎营扼守。王平提醒马谡：丞相临走时嘱咐过，要坚守城池，稳扎营垒，在山上扎营太过冒险。马谡不听王平的劝告，坚持在山上扎营。不久，魏将张郃率大军赶到街亭。张郃不愧为魏之良将，他见马谡在山上扎营，心中不禁暗喜，马上指挥魏军将山上的蜀军团团围住；更为要命的是，他还派人把蜀军下山取水的道路堵死了。不经意间，水源便成了这次战争胜败的关键。大家知道，人没有水喝，别说打仗，就连生命也维持不了几天。蜀军在山上断水，不但饭做不成，而且口渴难熬，时间一长，军心大乱。张郃看准时机，发起总攻，山上的蜀军又饥又渴，战斗力衰弱，一触即溃。马谡见无力回天，只好率领少数亲随拼命杀出重围。后来的结局地球人都清楚，就是诸葛亮"挥泪斩马谡"。

街亭失守，蜀军失去了重要据点，又损兵折将。诸葛亮见大势已去，为了避免受到更大的损失，只好把人马撤回汉中，第一次北伐就这样失败了。

我一直在想，是什么原因让饱读兵书且智略过人的马谡一败涂地的呢？传统说法认为，马谡刚愎自用，不听诸葛亮将令和王平固守街亭的建议，抱守孙子兵法"置之死地而后生，投之亡地而后存"的教条，把部队屯于一座四面皆不相连、且树木极广的山上，故而招致了"失街亭"之败。但往深里一想，事情未必这么简单。山下的街亭，说是一座城池，其实不过是一个不大的营寨，御敌能力有限。更何况马谡到街亭时，魏军距此不过十余里了，倘若来个急行军，个把小之内就能赶到。如果死守街亭，以区区2万兵力如何能挡住曹魏十几万大军，敌众我寡，街亭失守是早晚的事。马谡屯兵于山上，居高临下，从道理上看，未必是错，真正的错误在于他选了一个没有水源的地方扎营。那么，饱读兵书（我相信，不过六千多字的《孙子兵法》，马谡一定会倒背如流）的他，怎么会忘记孙子"绝山依谷"的提醒呢？还有，

魏军将山上蜀军围住，同时将取水之路堵死，使得这场战役的胜利天枰向己方倾斜

以马谡的聪明，他怎么会想不到大军驻扎需要充足的水源保障这一常识呢？

答案很可能是：马谡是今湖北襄阳一带人，从小在水量丰沛的汉江边长大；后来他长期在西蜀一带活动，"西蜀漏天"，四川盆地同样是多水之地，大约从来没有碰到过行军打仗缺水的情况。而西北黄土高原一带，多是干旱缺水的荒原，许多地方掘井三四十丈深才能见到地下水。由于没有在旱渴的西北地区作战的经验，马谡对水源问题压根儿没当回事。而张郃呢，早在官渡之战时就是名将了，而且不乏在西北地区作战的经验。因此他一到街亭，就抓住了蜀军的命门：断了蜀军的水源，让其不战自乱。悲夫！马谡之败，不在于他把大军驻扎在高山上，而在于水源的不济！

第八章 鱼不可脱于渊——韩非子与水

战国末期的韩非子,是先秦法家的集大成者,诸子百家中最后一位思想家。满腹经纶的韩非曾与李斯同为荀子的入室弟子,而李斯自叹弗如。作为韩国的公子,韩非清醒地看到,积贫积弱且毗邻虎狼之秦的韩国,危如累卵,朝不保夕。于是,他怀着深深的忧患多次上书韩王,力主变法图强,未被采纳。无奈,只好转而发愤著书,留下《说难》《孤愤》《五蠹》等十万余言(后人辑为《韩非子》)。《韩非子》吸纳了儒、墨、道诸家的学说,熔商鞅的"法"、慎到的"势"、申不害的"术"于一炉,形成了以法为中心,法、术、势三位一体的政治思想体系——"帝王之学"。韩非的雄文,引来了一代雄主秦王嬴政的倾慕和激赏:"哎呀!我要是能够见到那个人并且和他交游,现在死也不感到遗憾了!"("嗟呼!寡人得见此人与之游,死不恨矣!")后来,嬴政不惜发动一场伐韩战争,逼得韩国交出韩非。韩非来到秦国后,李斯、姚贾等人对他羡慕嫉妒恨,不断进谗,说他怀有二心,"终为韩,不为秦"。秦王被说动,将他囚禁,不久死于狱中。韩非虽死,他的思想却在秦始皇、李斯手上得到践行,并被历代帝王心照不宣地奉为统治国家的宝典。

韩非子画像

在礼崩乐坏、乱象横生的时代背景下,韩非的法治思想充满了阴森森的寒气。但观其行文,在犀利缜密、峭拔透辟之中,却也偶尔冒出些许"水文化分子",让读者在严肃中会心地一笑。

譬道若水

韩非的很多思想是从老子那里而来。他的著作多处可见老子思想的印记,特别是《解老》《喻老》两篇文章,直接对《老子》中的部分章句进行解释和发挥——但那并不是对道家的传承，而是借道家的外壳，旧瓶装新酒，巧妙地表达法家的哲学与政治思想。老子的道，是抽象的、缥缈的，包罗万象，是宇宙万物的总根源和总法则；韩非的道，却是具体的、实在的，在政治上可以理解为"权柄"，在哲学上可以理解为"规律"。

比如，韩非在《解老》中这样诠释老子的"道"："道，譬诸若水，溺者多饮之即死，渴者适饮之即生……故得之以死，得之以生；得之以败，得之以成。"道，打个比方说，就像水一样，沉没在水中的人因为过多地喝了它就死了，快渴死的人适量饮用它就活了……所以"道"这东西，得到它可以导致死亡或生存，可以因此失败或成功。

这表明，韩非"援道入法"，"譬诸若水"，无疑偏重的是"道"之运用，即把道当成了手段，不免有些本末倒置了。

《大体》是韩非的重要论著之一。在这篇文章中，韩非论述了持"大体"的君主应该具备的素养和能力——"因道全法"。"因道"，就是掌握事物发展的客观规律；"全法"，是指"不以智累心，不以私累己，寄治乱于法术，托是非于赏罚"。"因道"是"全法"的理论依据，"全法"是"因道"在政治上的具体体现。

"因道"之君应该怎样呢？韩非给出的理想状态是：

上不天则下不遍覆，心不地则物不毕载。太山不立好恶，故能成其高；江海不择小助，故能成其富。故大人，寄形于天地而万物备，历心于山海而国家富。上无忿怒之毒，下无伏怨之患，上下交朴，以道为舍。故长利积，大功立，名成于前，德垂于后，治之至也。

头上没辽阔的天宇，就不能覆盖整个世界；心胸没有大地那样广阔，就不能负载万物。泰山不以自己的好恶选择土石，所以能形成高大巍峨；江海对细流不挑剔，所以能够变得宽广浩瀚。所以君主的气魄要像天地那样恢宏而使万物齐备，心胸要像山海那样宽广而使国家富强。君主没有因忿怒而对臣民加以残害，臣民没有因积怨造成对君主的祸患，君主和臣民都返璞归真，以道为归宿。所以长远的利益积聚了，巨大的功业建立了，名望树立于生前，恩德流传于后世，这才是治理国家的最高境界——这完全是一派无为而治的景观。

应该指出，老子的"无为"，是弱者的智慧；韩非的"无为"，是强者的权谋。韩非的"无为而治",纯粹是帝王之术——"君主既然要唯我独尊,就不能像臣下那样忙忙碌碌;君主既然要像秤和尺那样当裁判员,那就不能当运动员"(易中天《先秦诸子百家争鸣》)。不过,韩非也强调"无为而治"的帝王应具有相当高的素养,一方面要大权在握,抱法处势用术;另一方面要有驾驭全局的雄才大略,包括海纳百川的胸襟气度、审时度势、知人善任的能力,等等。这里,"江海不择小助,故能成其富",这个比喻就是韩非对君主格局气度的要求。

韩非虽然极力主张法治,但并不一味热衷于严刑峻法,他认为"法治社会"的最高境界当是:"澹然闲静,因天命,持大体,故使人无离法之罪,鱼无失水之祸。"这里,韩非以"鱼无失水之祸"为喻,来说明只要人人自觉遵守法令,社会就能井然有序,百姓就会远离各种灾祸,安享太平。

想想也是,如果处在一个真正的法治社会,人人知法、懂法、守法,各行各业都能依法行事,公平、公正、公开,一切都在阳光下运作,人与自然和谐,人与人之间和谐,人们各司其职,各乐其业,优哉游哉,那该是一个多么美好的世界啊!

法如朝露

韩非还把法家的理想归纳为三个阶段,分别称为"明主之国""至治之国"和"至安之世"(安全和谐的社会)。那么,《韩非子·大体》中描绘的"至安之世"是一种怎样的风景呢?

故至安之世,法如朝露,纯朴不散。心无结怨,口无烦言。故车马不疲弊于远路,旌旗不乱于大泽,万民不失于寇戎,……故曰:利莫长于简,福莫久于安。

非常安全和谐的社会,法令制度就像早晨的露水,纯洁质朴而不杂乱,人们心里没有郁结的怨恨,嘴里没有不满的牢骚。所以战车军马不在遥远的道路上疲于奔命,猎猎战旗不在辽阔的沼泽中纵横交错,百姓不因外敌入侵而丧失生命……所以说,没有什么比政治的简朴更能取得长远的利益,没有什么比社会的安定更能幸福长久。

这里,韩非用"法如朝露"作喻,来说明制订法律,要简朴、实在,通俗、好懂,易于操作。

由此，我想到了汉高祖刘邦。当年（公元前 206 年），刘邦率领大军攻占关中，拿下了大秦帝国的都城咸阳。为了争取民心，"与父老约法三章耳：杀人者死，伤人及盗者罪"（《史记·汉高祖本纪》）——刘邦把关中各地的父老豪杰召集起来，郑重地向他们宣布：秦朝的法律严苛繁琐，把百姓害苦了，应该全部废除。现在我与诸位约定，不论是谁，都要遵守这三条法律：杀人者处死，伤人者抵罪，盗窃者判罪。众人一听，欢呼雀跃，都表示拥护约法三章。接着，刘邦又派出大批官员到关中各地宣传约法三章。在乱世的情况下，刘邦宣布如此简明易懂的法令，即利于广大民众掌握和遵守，又利于推行和实施，一下赢得了人心，稳住了局势。可见，法律不在于多而在于精，在于务实和管用；规不在于全而在于从，在于执行的刚性和落实。

刘邦攻克咸阳后，以约法三章赢取了民心

鱼不可脱于渊

老子之道，主要是从哲学的高度展开，涉及国家的治理，则极力主张无为而治，其中不乏"君人南面之术"。比如《老子》三十六章中有"鱼不可脱于渊，国之利器，不可以示人"的话，就备受韩非的推崇，并多次"拿来"，积极导入政治领域，以阐释他的法术思想。

《内储说下·六微》说："权势不可借人。……其说在老聃之言失鱼也。"韩非所说的"失鱼"，即老子所说"鱼不可脱于渊"——鱼离不开水，离水就会完蛋。这是老子打的一个比方，告诫君王不可须臾失去权势，否则就会像鱼离开涵养它的深潭一样，只有死路一条。

在《六微》中，韩非又说：

人主者，势重之渊也；臣者，势重之鱼也。鱼失于渊而不可复得也，人主失其势重于臣而不可复收也。古人难正言，故托之于鱼。

类似的说法，在《喻老》还有：

人君者，势重之渊也。君人者，势重于人臣之间，失则不可复得也。简公失之于田成，晋公失之于六卿，而邦亡身死。故曰："鱼不可脱于渊"。

纵观《韩非子》一书，不但十分注重法的重要性，而且认为法治必须以君主的"势"即最高权力为基础，与驾驭臣下之"术"相配合，才能达到理想的效果。因而，君主"持柄以处势"，避免大权旁落，始终是韩非关注的焦点问题之一。透过上述文字，我们看到，韩非借用老子的话，把君主比作"渊"，把权势比作"鱼"。君主如果大权旁落，那就如同脱渊之鱼，很难收回。旨在强调：君主须臾不可失掉自己的权势，否则就会因失"势"而一事无成，甚至会一命呜呼。为了增强其论说的说服力，善于运用历史故事说理的韩非，还以春秋末期齐国田常和晋国韩、赵、魏、范、中行、智六家卿大夫架空国君，以下凌上，犯上作乱，最终攫取权力的事实，来说明君主大权重势丧失的极端危险性。

《韩非子》一书中称处势要掌握独、柄、威、爪四种方法

如何"处势"呢？韩非认为势有四端（四种方法）：独、柄、威、爪。独，指君主不可授人国之利器，换言之，就是牢牢把大权掌握在自己的手中，独视、独听、独断。柄，指君主的权杖，包括"刑"（杀戮之谓刑）与"德"（庆赏之谓德）两种手段，大棒加胡萝卜，双管齐下。威，指君主树立威势，以威慑人，凛然不可侵犯。爪，指君主像豺狼虎豹一样，驱使凶猛的爪牙，充当打手，为自己发号施令冲锋陷阵。

古往今来，许多掌握话语权的人都爱以"水"的形象特征来来比喻君与民的关系，并相应确定自己所采取统治方略。大家最熟知的有君民"舟水关系"、君民"鱼水关系"等。当年，韩非的老师荀子在论及君民关系时，不仅有"舟水"论，还有"盂水"论。荀子说："君者，仪也，仪正而景（影）正；君者，槃也，盘圆而水圆；君者，盂也，盂方而水方。"（《荀子·君道》）这一说法被韩非"拿来"，在《外储左上》借用孔子的话（其实是他自己的话，只不过以孔子为代言人而已），来阐发自己的观点："为人君者犹盂也，民犹水也。盂方水方，盂圆水圆。"水无常形，其具体形状由容器所决定。做君主的，就好像是盂；民众，就好像盂中的水。盂是方的，水随之成为方形；盂是圆的，水随之成为圆形。

毋庸讳言，在君与民的政治互动关系中，不论是韩非的君民"盂水论"，还是荀子的君民"舟水论"和"盂水论"，本质上都是君主专制主义，但二者又有很大的区别——荀子是一种开明的专制论，强调君主要坐稳江山，必须爱民、利民，体现的是一种尊君爱民思想；韩非则是彻头彻尾的君利中心论，认为"国者，君之车也"（《外储说右下》），即君主是国家的主人，民众的价值就在于能为君主驱使和利用，强调君权至上，君主要像盂决定水的形状那样，牢牢地将民众掌控在自己手中，把他们看作随意支配、逆来顺受的对象，是典型的君贵民轻思想。

有时我在想，设若上述"盂水论"真的是孔子说的，按照他老人家的德治思想，这番话又该做怎样的理解呢？

不妨从孔子的类似言论中寻找一下答案。孔子说："政者，正也，子帅以正，孰敢不正？"（《论语·颜渊》）又说："子欲善而民善。君子德风，小人德草，草上之风，必偃。"（同上）在孔子看来，所谓政治，就是领导社会走上正道。只要你君王（统治者、领导者）自己做得正，下面的风气自然就正了。治理政事，要注重自己的德行，你重德行善，人民也会群起效法之。君子的德就像是风，普通民众的德就像草，风吹在草上，草随风倒。

我想说的是，如果"盂水论"就是孔子的言论，应做如是诠释：榜样的力量是无穷的，人君的品行对民众的影响力、感召力非同寻常，就如同盛水的盂，盂的形状决定着水的形状，如果君王塑造的是君子形象，幅射的是充盈的正能量，人魅力四射，就会产生良好的示范效应和社会作用。

明君行赏如时雨

韩非的政治理想是：拥有无上权力的统治者，创制完备的法律制度，同时掌握一套驾驭臣民的技巧，从而达到"智虑不用而国治"的效果。韩非在谈到为君之道时，多次强调"术治"（君主统治手段和策略）的重要性，认为高明的君主必须善于"操术以御下"。其中，赏赐与刑罚的行政手段的运用，便是"操术"——"赏罚者，邦之利器也，在君则制臣，在臣则制君"（《韩非子·喻老》）。韩非强调，赏赐和刑罚，作为君王"术治"的重要手段，只能由君主一人掌握，而且要"藏之于胸中"，暗箱操作，秘密进行，即所谓"法莫如显，而术欲不见"（《韩非子·难三》）。

在《韩非子·主道》中，韩非认为赏罚分明是明君的特点之一，指出：

明君之道，臣下不得陈言而不当。是故明君之行赏也，暧乎如时雨，百姓利其泽；其行罚也，畏乎如雷霆，神圣不能解也。故明君无偷赏，无赦罚。偷赏，则功臣堕其业；赦罚，则奸臣易为非。

贤明君主的原则，是不允许臣下言行不一的。贤明君主行赏时，要像及时雨浇灌干渴的土地般滋润人们的心田，百姓都能受到他的恩泽；贤明君主行罚时，严厉得就像雷霆一样令人生畏，即使是神仙圣人也不能逃脱。所以贤明的君主不能随便地奖赏，也不能随意地免除刑罚。随便地赏赐，功臣们就会懈怠；随意地免除刑罚，奸臣就会干坏事。

有功必赏，不论疏贱；有过必罚，不赦近爱，这种赏罚分明的思想，直到今天对领导者而言仍有重要的启迪和借鉴意义。而"时雨""雷霆"等比喻，生动贴切，无疑增强了文章的感染力和说服力。

远水不救近火

《韩非子·说林上》有这样一则记载：

鲁穆公使众公子或宦于晋，或宦于荆。犁鉏曰："假人于越而救溺子，越人虽善游，子必不生矣。失火而取水于海，海水虽多，火必不灭矣，远水不救近火也。今晋与荆虽强，而齐近鲁，患其不救乎。"

春秋时，鲁国分别与强大的齐国、晋国、楚国相邻，鲁国国君鲁穆公担心齐国侵犯鲁国，便想尽各种办法结交晋、楚两大强国，希望齐国犯鲁时能得到晋、楚的援手。为了达到结交的目的，鲁穆公派自己的儿子们有的到晋国做官，有的到楚国做官。鲁国大夫犁鉏对穆公的做法不以为然，他对穆公说：越国是水乡泽国，人都善于游泳。可是，如果我们这里有人掉进水里，去请越国的人来抢救，那么等不到人家来，落水的人早就淹死了。再比如，我们这里失火了，到千里之外去取海水来灭火，虽然海水多多，但取到火场时大火早已把一切都烧没了。道理很简单，就是远水救不了近火。同理，晋国和楚国虽然很强大，但毕竟离楚国较远，而齐国离鲁国较近，一旦受到齐国进攻，鲁国的祸患恐怕难救了（短时间内晋国和楚国伸出援手是鞭长莫及的）。

这则历史故事，就是后来大家耳熟能详的成语——"远水不救近火"的来历。它告诫我们，面对火烧眉毛的问题，不能运用所谓的长远之策来处理，必须急切应对，用立竿见影的手段，争取吹糠见米的效果。

由韩非上述这段话，禁不住让人想到他"乱世用重典"的主张，韩非认为，对乱世的治理，要用严刑峻法，轻罪重刑、重罚止奸，以尽快平息不安定的局面。既然国家处在混乱的、黑暗的、罪恶横行的时代，那就要采用霹雳手段，该杀的杀，该关的关。人性是有弱点的，不是每个人都能教育好的，如果一味采用感化教育的手段，心慈手软、宽大为怀，就会姑息养奸、贪腐成风、养痈贻患，正所谓"远水不解近渴"。纵观整个封建社会，大多数封建王朝在开国之初或国家动乱的情况下都采用了严刑峻法，如秦始皇、汉武帝、明太祖等，为了让自己的江山固若金汤，普遍推行重典，实行铁腕统治。特别是明朝的开国皇帝朱元璋，"重典治吏"，以严刑峻法惩治贪官污吏，从登基到驾崩，一直保持着要"杀尽贪官"的高压态势，收到了强烈的震慑作用，开创了风清气正的治世。时下的中国，虽为治世，但却潜藏着巨大的乱源，就是形形色色的腐败。因此，必须本着标本兼治的原则，一方面立足长远，做好教育和制度反腐的大文章；另一方面，要以零容忍的态度重典治贪，"老虎""苍蝇"一起打，起到杀一儆百、上下肃然的作用，从而为治标赢得时间。当然，使用"重典"也要依法而行，不能滥施刑罚。

犁鉏以"远水不救近火"的故事向穆公阐明晋国、楚国、齐国和鲁国之间的利害关系

第九章 水者，万物之本原也——《管子》与水（上）

管仲画像

中国古代的知识分子，以立德、立功、立言之"三不朽"为人生追求的最高境界。在先秦圣贤中，管子（名夷吾，字仲）给后人印象最深的不是他的立德立言，而是他的立功——他以周公之后最了不起的大政治家和"春秋第一相"的身份载入史册，他以辅佐齐桓公"九合诸侯，一匡天下"（《史记·管晏列传》）成为"春秋第一霸"而威震华夏。至于立德，在我们看来，管仲是个小节上有不少污点的人，做人方面很难成为正人君子的楷模，但万世师表的孔夫子却不这么看，他说："微管仲，吾将披发左衽矣。"（假如没有管仲，我就会披头散发穿上夷狄的服装了，言外之意是说，没有管仲"尊王攘夷"，华夏就亡于外族了）由衷地赞美管仲，称赞他是华夏民族的大英雄。至于立言，在我们看来，他一生似乎都在忙于行政、军事和改革工作，没有闲工夫著书立说，但却有《管子》一书流传后世（用时下的话说，就是被实现了"藏之名山，传之后人"的"立言"理想）。

据考证，《管子》是管仲学派从春秋到战国乃至秦汉逐渐积累的"集体智慧的结晶"，其中既有管仲思想的记录和发挥，又有后人的创造与发展，最后由汉初刘向"定著"，计86篇，亡佚10篇。尽管《管子》"非一人之笔，亦非一时之书"，但其中的不少篇章记录或反映了管仲的治国理政思想，这应该是没有疑义的。从这个意义上说，在先秦诸子中，能够做到"立德、立功、立言""三不朽"的，惟管仲一人而已。

《管子》是一部丛集诸说、涉及百家、包罗万象、宏博精深的奇书，书中《水地》等篇关于"哲学之水""人性之水""治国理政之水"的论述，蔚为大观，让人耳目一新。

水是万物的本原

世界万物的起源与生成问题，是古代不少哲人"仰观天文，俯察地理"，热衷探究的重大命题之一。人类理性在思维的初级阶段，主要以直接观察的办法获取直观抽象的概念。水是造物主赐予我们这个星球最宝贵的物质资源，没有水就没有生命，就没有世间万物生机勃发的景象。水生万物的哲学观念（具有明显的朴素唯物论思想），几乎是中华民族一种普遍的心理意识，《管子·水地》无疑是这种观念的集大成者：

是故具者何也？水是也。万物莫不以生，唯知其托者能为正。具者，水也。故曰水者何也？万物之本原，诸生之宗室也。

是以水者，万物之准也，诸生之淡也，违非（是非）得失之素也。

天地万物谁是具备一切、包罗万象的呢？悉心考量，非水莫属。因为万物没有一个不是依靠水的滋养而生存的，如果不信，万物都能为此作证。所以说水是什么呢？水是万物的始祖、根本和源头，是各种生命的根蒂——这就明确提出了水是"万物的本原""诸生之宗室"的命题，从而使"水"成为形而上之"道"的物化形式，承担起"万物本原"的职责，这样，自然之水经过人的理性过滤便上升为"哲学之水"。

不仅如此，作者还认为水是万物之准、诸生之淡、是非得失之素——"准"，为"五量（权、衡、规、矩、准）之宗"，一切量具都是以水的量具（准，即水平仪）为依据的；"淡"，为"五味（酸、甜、苦、辣、咸）之中"，一切味道都是以水的味道（淡）为基础的；"素"为"五色（青、赤、黄、白、黑）之质"，一切颜色都是以水的颜色（素）为背景的。可见，《水地》对水的推崇已达到了无以复加的程度。

无独有偶，有科学和哲学之祖盛誉的古希腊思想家、科学家、哲学家泰勒斯也说："水是万物的始基。"认为水是世界初始的基本元素，"水生万物，万物复归于水"。他还有一句著名的格言就是"水是最好的"。由此观之，泰勒斯对水也是推崇有加。

现代科学证明，人类所繁衍生息的星球，准确地说不应该叫"地球"，而应称为"水球"。地球70.8%的面积被海洋覆盖着，全球藏水总量约13.7亿立方千米。在地球生命演化的舞台上，扮演主角的不是别的，正是水。所以我们说：水是生命之源！

以今天的眼光看，《水地》"水生万物"的物质观肯定是形而上学的，但与"世界起源于上帝""世界起源于绝对精神"的唯心主义观念相比，无疑闪耀着科学和理性的光芒，更何况这些对世界本原的认识是距今2000多年以前提出的呢！

为了增强水是"万物之本原，诸生之宗室也"这一命题的说服力，《水地》又举例说明水化育万物的过程：

是（水）以无不满无不居也。集于天地，而藏于万物，产于金石，集于诸生，故曰水神。集于草木，根得其度，华得其数，实得其量。鸟兽得之，形体肥大，羽毛丰茂，文理明著。万物莫不尽其机，反（返）其常者，水之内度适也。

水，浮天载地，无处不在，世间没有什么东西不能被它充满，没有什么地方不能让它留居。它可聚集在天空地上，可以藏于万物的内部，可以生存在金石之中，可以留于各种生命体内，如此"无孔不入"的水，简直如神了。在《水地》看来，万物之所以繁衍生息，充满生机与活力，靠的是水的滋养哺育——水聚集在草木之内，根就能得到充分生长，花就能开得繁茂，果子就能结得很多。飞鸟走兽得到水的滋润，形体就能长得肥硕，羽毛就能长得丰茂，纹理就能长得鲜亮。万物之所以获得生机，充分发展其本性，就是因为水在万物内部充足适度。

我们不得不承认，《水地》对水的认识是深刻的。现代科学为上述这番高论做出的注解是：水的历程造就了生命的历程，却又隐身于生命体内。有相当于全球河流一半的水，流淌在人类和动物的血管里，滞留在植物的根茎、叶脉中……

不仅如此，《水地》的作者还对水中化成的神灵充满了崇拜和遐想：

龟生于水，发之于火，于是为万物先，为祸福正。龙生于水，被五色而游，故神。欲小则化如蚕蠋，欲大则藏于天下，欲上则凌于云气，欲下则入于深泉，变化无日，上下无时，谓之神龟与龙。

龟生于水，能预测吉凶；龙生于水，能游于天上地下，变化无穷。这表明，自然界中龟、龙等具有"灵性""神性"的动物，是以水为安身立命之所，它们的灵性和神性当然也是水赋予的。

或许有人会问，水对万物的滋养之功如此，那么对"三才"（天、地、人）之一、万物之灵的人来说，又有什么作用呢？《水地》对这个"棘手"的问题非但没有回避，而且回答得直截了当：

人，水也。男女精气合，而水流形……凝蹇而为人，而九窍五虑出焉。

——《管子·水地》

人是由水生化而来的。男女精气相合——父精母血合二为一凝聚形成胚胎，又在"羊水"的保护下生长，逐渐长成为"人体"，并生出九窍和五官的功能来。不光是人的肉体，人的思维也是水的产物。"九窍"是生理器官，"五虑"则是思维活动（古人云："心之官则思"，即认为心这个器官的职能在于思维。现在则认为大脑是思维的器官）。在水哺育下，人体经过全方位的发育，不但长成了五脏、五官，也生成了感觉和思维。事实上，在人体组成的成分中，水的含量最高，大约占到体重的60%～70%。成年人每天要从饮食中摄取2.5升左右的水；同样，也要从呼吸、粪便、汗水以及皮肤表面，排出2.5升左右的水。医学证实，人在有水无食的情况下可以存活一个月，可是没有水，连一个星期也活不下去。

水与人类的孕育、生长密不可分，人类的繁衍生息同样离不开水的滋养哺育。对于这一点，《管子·禁藏》慧眼独具地提到：

夫民之所生，衣与食也；食之所生，水与土也。

——《管子·禁藏》

《管子·水地》表达了管子对水的深刻认识

民以食为天，食又从水土中生。江河湖海等水域中蕴藏着鱼虾蚌蟹等丰富的水产品，自古至今一直是人类赖以生存的重要食物来源；而立足于土地生产的粮食、果蔬等食物，同样离不开水的浇灌养育。

水性决定人性

读《管子·水地》，我会发现这篇关于水的奇文不但试图用水揭示世界存在的状况，还想用水诠释社会现象，这种独特而深刻的思考和洞悉，是中国古代水文化的精华所在。

《管子·水地》中说："水者何也，万物之本原，诸生之宗室也，美恶贤不肖愚俊之所生也。"认为水不但是孕育生命万物的根基，也是产生美与丑、贤良与不肖、愚蠢与俊秀的基础条件，即人的形貌、性格、品德、习俗等特征都可以从水那里找到基因。

有趣的是，作者为了充分论证自己的观点，还将战国时期各诸侯国的河湖水质情况与国民的体貌、性情、道德等对照起来，进行了一番臧否点评：

夫齐之水道躁而复，故其民贪粗而好勇。楚之水淖弱而清，故其民轻而果敢。越之水浊重而洎，故其民愚疾而垢。秦之水泔最而稽，淤滞而杂，故其民贪戾罔而好事。晋之水枯旱而浑，淤滞而杂，故其民谄谀葆诈，巧佞而好利。燕之水萃下而弱，沉滞而杂，故其民愚戆而好贞，轻疾而易。宋之水轻劲而清，故其民简易而好正。

齐国的水湍急而又漩涡重重，所以齐国的百姓就贪婪、粗暴而好勇。楚国的水柔弱而清澈，所以楚国的百姓就轻快、果断而敢为。越国的水重而浸润，所以越国的百姓就愚蠢、嫉妒而污秽。秦国的水浓厚而流缓，淤泥沉滞而混杂，所以秦国的百姓就贪婪、暴戾、虚狂而好生是非。晋国的水苦涩而浑浊，淤泥沉滞而混杂，所以晋国的百姓就谄谀而心怀欺诈，奸佞而贪财好利。燕国的水深聚而柔弱，沉滞而混杂，所以燕国的百姓就愚蠢、痴呆而喜好忠贞，轻视急难而不怕死。宋国的水轻快有力而清澈，所以宋国的百姓就纯朴、平易而又喜好公正。作者具体论述了齐、楚、越、秦、晋、燕、宋诸国水质的差异对当地百姓品貌习性产生的巨大影响，其宗旨意图很明显，就是为了说明"一方水土养一方人""一方水土造就一方人"的道理。

窃以为，这段关于水性与人性关系的议论，虽不乏真知灼见，但也存在着明显的问题，一是夸大了水性对人性的影响；二是与事实未必完全相符，且打着深深的个人情感色彩。比如战国诸子对宋人常有微词，而该文"独赞楚而美宋"，不免失之偏颇。我怀疑，握有这段评说话语权者很可能是宋人，他爱祖国爱家乡，月是故乡的圆，人是家乡的好，敝帚自珍，把自家的水和自家的人大大美化了一番，可谓用心良苦。心情可以理解，但主观色彩太浓，对问题的看法不免有失公允，这是需要引以为戒的！

可能是受《管子》的影响或者与《管子》"英雄所见略同"，在《吕氏春秋》《淮南子·地形训》《汉书·地理志》以及《世说新语·言语》《水经注》等典籍中，都有与《管子》类似的言论。《世说新语·言语篇》载："王武子、孙子荆各言其土地之美。王云：'其地坦而平，其水淡而清，其人廉而贞。'孙云：'其山嶵巍以嵯峨，其水浃渫而扬波，其人磊砢而英多。'"认为山水的特质可以决定一方人的性格，平坦而水清的地方，人的品性简淡清洁，而山高水急的地方，人往往具有磊落不凡的英气。这样的分类虽不一定科学，却也道出了山水感召和影响人类的客观现象。"初唐四杰"之一的王勃则把前人的认识用"物华天宝、地杰人灵"八个字加以概括，可谓言简意赅，精到至极。

近代国学大师刘师培对北人与南人的生活、性格和气质等方面的差异，也从水土环境上找到了原因：

大抵北方之地，土厚水深，民生其间，多尚实际；南方之地，水势浩洋，民生其间，多尚虚无。民崇实际，故所作之文，不外记事析理二端；民尚虚无，故所作之文，多为言志抒情之作。

与《管子》"英雄所见略同的"不止是中国人，也有外国人。如近代西方著名思想家法国人孟德斯鸠在《论法的精神》中就高声宣称：

气候的王国才是一切王国的第一位。……异常炎热的气候有损于人的力量和精神，居住在炎热天气下的民族秉性懦怯，必然引导他们落到奴隶的地位。而寒冷的气候则赋予人们的精神和肉体以某种力量，这种力量和勇气使他们能够从事持续的、艰难的、伟大的和勇敢的行为，使他们保持住自由的状态。

这些言论无疑与《管子》的认识有异曲同工之处。可见,具有唯物倾向、直观片面认识水土环境与历史文化之间关系的思想,是源远流长、古今中外相互辉映的。

山清水秀出俊杰,穷山恶水出刁民。根据水质水性判断人性,根据不同的人性采取不同的办法实施管理,应该说有一定的道理。事实上,人们生活的环境因地理、气候的关系,造成了水的多寡和时空分布的不同;同时,水对处于不同环境的人们所给予的恩泽与灾难也是大相径庭的,在客观条件的制约下,必然造成不同生活环境的人们生产和生活方式的差异,也必然导致不同的甚至截然相反的习俗和价值文化观念。我国古代逐渐形成的中州文化、齐鲁文化、燕赵文化、三晋文化、巴蜀文化、荆楚文化、吴越文化等,以及世界范围内出现的农耕文化、游牧文化、海洋文化等,无不雄辩

一方水土养一方人,地理环境对人的秉性确有影响,但不可过分夸大

地说明,不同的地理环境特别是水环境对人们文化性格的塑造有着巨大的影响。

不过,凡事过犹不及,如果一味夸大地理环境对人的秉性的影响,而忽视人文环境的作用,就会陷入"地理环境决定论"的泥潭之中。

辩证唯物主义和历史唯物主义告诉我们,地理环境对人性有重大的影响作用,尤其是在古代相对封闭的社会,环境对人的影响远比经济文化高度发达的今天大得多。但环境对人类文化的影响不是无限的,人文的作用有时却有扭转乾坤的力量。比如,现在我们一提起地处南方的江浙(古时为吴越地区)地区,人们的脑海里就会浮现出锦绣江南、鱼米之乡、灵山秀水、吴侬软语、才子佳人等字眼。但先秦时期,地处中国南方的吴越

地区，同样弥漫着尚武好斗之风，"操吴戈兮披犀甲，车错毂兮短兵接"（屈原《国殇》）。那时，吴越人曾佩带锋利的刀戈，与人搏杀在荆棘草莽和波涛汹涌的江湖上，他们披发文身，赤膊上阵，一派英雄气概。但东晋以后，吴越地区的民风却发生了剧变——迅速从刚转柔，从尚武转为崇文。这种嬗变，与人文环境的巨大改变有直接的关系。原来，西晋永嘉之乱后，北方中原的先进文化伴着潮水般的移民涌入吴越地区，使江南的好山好水得到充分的开发，迅速从荒蛮之地变为富庶之乡，"敏于习文，疏于用武"之风也日盛一日，于是很快褪尽"荆蛮气质"，成为"江浙人文薮"。

当今时代，由于科技的日益发达，交通和通信工具的先进便捷，使人们的交往、交流和流动十分频繁，客观上大大弱化了地理环境对区域文化的影响力。因此，我们要以科学的态度把握对人类文化影响的各种因素，以免犯"攻其一点，不及其余"的错误。

参照水性而治世

和先秦的许多思想家一样，《管子》的作者们也津津乐道于以自然之水的品性和功用比之于人生之"道"或君子之德，盛赞水是"具材"（材美兼备），是"神"，希望人们取法于水：

海不辞水，故能成其大；山不辞土石，故能成其高；明主不厌人，故能成其众；士不厌学，故能成其圣。

——《管子·形势解》

故曰水具材也，何以知其然也？曰：夫水淖弱以清，而好洒人之恶，仁也。视之黑而白，精也。量之不可使概，至满而止，正也。唯无不流，至平而止，义也。人皆赴高，己独赴下，卑也。卑也者，道之室，王者之器也，而水以为都居。

——《管子·水地》

大海不拒绝各种各样的水，所以才能成就它的广大；大山不拒绝形形色色的土石，所以才能成就它的高耸；开明的君主爱惜各种人才，所以能够成就人才济济的局面；学士不满足于学问的一知半解，所以能达到圣人的境界。

《管子·形势解》说到：大海不拒绝各种各样的水，所以才能成就它的广大

遍观世间万物，只有水的身上材美兼备。水柔软而清澈，能洗去人身上的污秽，这是水的仁德。水看起来是黑色的，其实是白色的，这是水的诚实。计量水不必用"概"（一种刮平斗斛的器具），流到平衡就停止了，这是水的道义。人都愿往高处走，水独向低处流，这是水的谦卑。谦卑是"道"寄寓的地方，是王天下者的器量，而水就聚集在那里。

这里，《管子》依据水的不同功能和属性，以德赋之，唱出一曲水之美的颂歌，实与道家"上善若水"和儒家"水者，君子比德焉"的观念是一脉相承。尤其是"卑也者，道之室，王者之器也，而水以为都居"的言论，分明是道家水性哲学的体现。这里，《管子》盛赞水具有的"仁德""诚实""道义""谦卑"等优良品德，主旨是规劝人们要向水学习，效法水的无私善行，从而达到善美兼备的境界。

毋庸置疑，上述观点根本不是管子的思想，管子治国，采用的主要是法家的那一套。管子时代，为春秋初期，老子、孔子都还没有出生，自然也没有什么道家、儒家思想。由是可知，这些思想认识显然是"管仲学派"传人的借题发挥！

治理国家是上层建筑领域的问题，似乎与水不太搭界，但我国古代的思想家们往往能从水性和治水活动中得到某种启发，并升华为治国安邦的思想。鉴于水对人性的重大影响，《管子》甚至提出了以参照水性而治世的观点：

是以圣人之化世也，其解在水。故水一则人心正，水清则民心易。民心正则欲不污，民心易则行无邪。是以圣人之治于世也，不告人也，不户说也，其枢在水。

——《管子·水地》

圣人君子欲治世理民，匡正世风，一定要先搞清楚当地的水情，因为：水纯洁人心就公正，水清澈民心就平易。人心公正欲望就不会污染，人心平易行为就不会邪恶。因此圣人治世理民，不用一个人一个人地告诫，也不用挨家挨户地劝说，关键的一环在于了解水性。那潜台词无非是说：了解了这个地区的水性也就知道了这个地区的人性，人性清楚了，就能因地制宜，对症下药，制订和实行相应的策略措施，就能达到治世化民的功效。客观地说，这种"依水性而治世"的观点，尽管不乏合理的成分，但它片面夸大了水性对人性的作用，没有统筹考虑水性以外特别是社会人文因素对人性的影响，不免有绝对化和走极端之嫌，如果放在今天，给它戴上一顶"客观唯心主义"的帽子似乎不为过。

《管子·水地》中表达了「依水性而治世」的观点

《管子》在以水喻政方面同样有许多精辟的阐述：

下令于流水之原(源)，使居于不争之官(职业)……下令于流水之原，令顺民心也……令顺民心，则威令行。

——《管子·牧民》

天下道其道则至，不道其道则不至也。夫水波而上，尽其摇而复下，其势固然也。

——《管子·君臣下》

治人如治水潦，养人如养六畜，用人如用草木。居身论道行理，则群臣服教，百吏严断，莫敢开私焉。

——《管子·七法》

颁布实施法律政令，应顺民心、符民意，自然易于推行，就如同流水自源头顺流而下，呈现出的是一种自然而然的形态。君主行君道，天下人就会归附；君主不行君道，天下人就会与他离心离德，背道而驰，这就如同波浪涌动而上，竭力摇荡之后又重新落下来一样，是水势自然如此。治理民众也要按规律、道理行事，就如同疏导积水一样，顺水性而为，才能收到理想的效果。可见，《管子》的治国理民思想中，蕴含着尊重自然、以水为师，按客观规律办事、顺乎民意而行等可贵思想。

此外，《管子·七法》在治国治军方面提出，必须掌握好七条基本原则，即则（寻

《管子》在以水喻政方面有很多精辟阐述，例如颁布法律政令要顺应民意，如同流水一样自然

求规律)、象(了解情况)、法(掌握标准)、化(施行教化)、决塞(善于权衡)、心术(把握思想)、计数(精于计算),合称"七法"。而所谓"决塞",即"予夺也、险易也、利害也、难易也、开闭也、杀生也"。对于"决塞"的含义,《管子》做出了如是阐释:

> 民迂则流之,民流通则迂之。决之则行,塞之则止。唯有明君,能决之,又能塞之。不明于决塞,而趋众移民,犹使水逆流。
>
> ——《管子·七法》

百姓过于迂曲保守就要去疏导,使他们开通流动;百姓过于开通流动就要适当地去封闭,使他们迂曲保守,这就如同流水一样,开塞使之流通,堵塞使之止滞。只有明君圣王,才深谙这种"决塞"的艺术,既能使他们开通,又能使他们堵塞。不善于权衡,要想驱赶迁移百姓,就好像让河水倒流一样。由此观之,《管子》提出所谓的"决塞"之道,明显受到了水之利害并存、能行能止、能上能下等特性的启示。同时,我们也看到,2000多年前,先贤们虽然没有明确提出对立统一的辩证思想,但在治国理民、处理矛盾方面提出的策略,已透露出一缕理性的曙光。

第十章
利在水也——《管子》与水（下）

"仓廪实则知礼节，衣食足则知荣辱"（《管子·牧民第一》），这是《管子》这部大书留给后人最有价值的格言之一。我以为，这句闪耀着真理光芒的不刊之论，很可能是管子亲口说的，而不是"管仲学派"秀才们妙笔生花的"创作"。因为管子首先是个政治家、宰相，他不像孔孟、老庄那样有的是闲工夫，可以从从容容地"谈玄务虚"，他最关注的还是现实问题，他要通过"务实"来"富国强兵"。管子冷静地看到，精神不是万能的，要使人"知礼节""知荣辱"，必须有强大的物质即"仓廪实"和"衣食足"作为坚强的后盾。道理很简单，用现在的话说叫"物质决定意识"！

如果说"《管子》与水（上）"重点讨论了《管子》"形而上"的"哲学之水"的话，那么，《管子》"形而下"的"实用之水"又是何等的景象呢？

水中自有财富在

中国古代，国土的观念很浓，所谓"普天之下，莫非王土；率土之滨，莫非王臣"（《诗经·北山》），强调的就是疆域即国土意识。后来，人们发现，光有土地还不够，没有水的滋养，肥沃的土地将百物难生，水与土（田地）共同构成人类生存的重要资源，所谓"一方水土养一方人"是也。《管子·禁藏》说："夫民之所生，衣与食也；食之所生，水与土也。"百姓要生存下去，衣与食是须臾不可缺的必需品。而衣食的来源，又靠水与地——雨露滋润禾苗壮，土地再肥沃，如果旱渴无水，也是产不出粮食的。

水除了给人类饮用、灌溉、舟楫之利外，水域中还可以直接出产物质财富——通过养殖和捕捞，水中的鱼鳖虾蟹和菱藕蒲苇之属，可以供养人类、造福人类。于是华夏先民便从实惠中看到了"水中有财富"。

本来,周代中期以前,赋税的对象只有土地,而且按照可耕作的程度分级缴纳。但这种规矩随着人们对"水为财富"认识的加深,到春秋战国时期被打破了——水域被看作国家的重要资源,并被纳入了赋税范畴,折算成地亩交税。比如,孔子时代的鲁国,视山林、川泽、丘陵、高地、沼泽为"五土","各得其所生之宜",即把"水"(川泽、沼泽)与"土"(山林、丘陵、高地)一样看待,一并纳入管理对象。再如,战国时墨子在与楚王争论楚国应不应攻打宋国时,除了以"荆(楚国的别名)之地五千里"与"宋之地五百里"相比较外,还特别说到两国水域中物产之间的巨大差别:"荆有云梦,犀兕麋鹿满之;江汉之鱼鳖鼋鼍为天下富。宋所谓无雉兔鲋鱼者也,此犹粱肉之与糠糟也。"(《墨子·公输》)即是说,楚国有云梦大泽,盛产犀牛、麋鹿之类珍稀的动物;长江汉水中充满鱼鳖鼋鼍等珍品,可谓富甲天下。再看宋国,连雉鸡、兔子、鲋鱼都不产。这就好比白米肥肉和糟糠相比。可见,到了战国时期,水域及其他物产已成为国家财富和实力的重要方面军。

再看《管子》,则鲜明提出了"利在水也"的思想:

涸泽,百而当一。薮,镰缠得入焉,九而当一。……流水,网罟得入焉,五而当一。……泽,网罟得入焉,五而当一。

——《管子·乘马》

这段话记载了齐国对水域管理的具体规定:江河水面、湖泊沼泽,可以下网捕鱼的,五亩折合一亩;植物繁茂的沼泽,十亩折合一亩;就连干涸的湖泊,百亩也要折合为一亩。

除了江河、湖泊、沼泽之外,水产资源丰富的海洋也被滨海的诸侯国列为重要的取利对象。《管子·禁藏》说:

水产资源丰富的海洋被滨海的诸侯列国视为重要的取利对象

> 渔人入海，海深万仞，就彼逆流，乘危百里，宿夜不出者，利在水也。

打鱼人扬帆于海上，劈波斩浪而进，冒险到百里之远的深海，昼夜漂泊在波涛汹涌的水上，这当然不是为了寻求刺激，而是利益的驱动——因为大海能给他们鱼虾鳖蟹等丰厚的回报。齐国东临大海，海岸线漫长，海域辽阔。早在周初，姜太公被封在齐地，就根据其"地负海舄卤，少五谷而人民寡"的实际情况，因地制宜，"（太公）乃劝以女工之业，通鱼盐之利，而人物辐辏"（《汉书·地理志下》）。可见，齐国能逐渐做大做强，与执政者大力推行"靠海吃海"的政策，"以海为田"，源源不断地收获"鱼盐之利"不无关系。

"齐带山海，膏壤千里。"（《史记·货殖列传》），以依山面海的地理位置和丰饶的物产为基础，齐国在经济上农商并重，政治上尊贤尚功，学术上兼容并包，逐渐形成了以开放、务实为基本特征的文化思想。《管子》的一个鲜明特色（也是齐文化的特色）就是对商业的重视。何以见得？书中提出的"轻重"之术可见一斑。"轻重"之术，是著名理财措施，其主旨是：国家必须将关系国计民生的粮食和货币牢牢控制在手里，进而根据粮食和货币与万物的不同比价，运用"轻重"即价格杠杆的原理调控流通，这样，既可避免"大贾蓄家"操纵市场，又能使国家从中获取巨大的利益。《管子》以货币和谷物之间的关系为例，以水为喻，娓娓道来：

> 故善为天下者，谨守重流，而天下不吾泄矣。彼重之相归，如水之就下，吾国岁非凶也，以币藏之，故国谷倍重，故诸侯之谷至也。是藏一分以致诸侯一分，利不夺于天下。
>
> 善用本者，若以济大海，观风之所起，天下高则高，天下下则下。天下高我下，则财利税于天下矣。
>
> ——《管子·山至数》

善于掌控天下者，必须严守高价流通政策，这样粮食就不会流散到其他国家。道理很简单，粮食流向高价的地方，就如同水往低处流一样天经地义。在自己国家没有灾荒的情况下，投放货币收购粮食，加倍提高粮价，使各诸侯国的粮食像流水一样源源不断地涌入，从而达到藏一分就可以吸取各诸侯国一分的目的。财利不致为外国所得，大夫也不能占有更多的粮食。这种"谨守重流"即高价流通政策,能使一国拥有十国的财富。

善于管理经济的,就应该像航于大海见风使舵一样,天下的物价高就水涨船高,天下的物价低就水落船落。如果反其道而行之,天下的物价很高却被本国打压得很低,就等于把大量的财富赋税拱手奉送给别的国家了。

读罢上述言论,我仿佛看到一位掌控市场的高手,手执一根魔棍,带着神秘微笑端坐于屋宇之中。在粮食收获的季节,他把手中的棍儿轻轻向上一扬,粮价比之市场抬升一些,大批的粮食就如同流水一般涌进他家的粮库;当各地闹饥荒的时候,他把手中的棍儿轻轻往下一按,高价的粮食便从他家的仓库流向四面八方,而四面八方的钱币则像江河涨水一样滚滚流入他家的钱库。这样,在他那根时而扬时按之"轻重之术"魔棍的操纵下,粮食几进几出,钱币越积越多,一个富可敌国的富翁便宣告诞生了。

《管子》以货币和谷物之间的关系为例讲述国家管理经济的道理,仿佛让人们看到一位高手,轻轻松松便掌控着市场的走势

水利是治国安邦的要务

富国强兵,是管仲一生奋斗的目标。作为春秋初期齐国的宰相,他辅佐齐桓公"九合诸侯,一匡天下",实现了赫赫霸业。无疑,这种政治上的辉煌,是以雄厚的物质基础和军事力量作后盾的。史载,管仲在齐桓公的支持下,在经济、政治、军事等领域实行了一系列改革,"通货积财,富国强兵,与俗同好恶"(《史记·管晏列传》),使齐国大治,富强冠于诸侯。

我们看到,《管子·立政》中,全面探讨阐述了治国理政的一系列重大问题,其中包括经济建设的五件大事即"五事"。"五事"关乎国家的繁荣富强,其中第二件便是关涉水利的问题：

二曰沟渎不遂于隘，障水不安其藏，国之贫也。……沟渎遂于隘，障水安其藏，国之富也。

沟渠不畅通，堤坝不牢固，洪水来了就会肆虐泛滥，毁坏田地家园，不但国家赋税无望，而且还要拿出巨额的财力物力赈济灾民，恢复生产，重建家园，财力枯竭、捉襟见肘的日子就会不期而至。反之，如果大兴水利，沟渠畅通，堤坝牢固，风调雨顺，农业增收，商贸正常，税收加大，财源滚滚而来，就会国家富裕，百姓小康。

如果说《立政》只是初步涉及了兴水利除水害的问题，那么《度地》则旗帜鲜明地把兴水利、除水害看作是治国安邦的根本大计，并提出了一套较为系统的对策措施，堪称我国先秦时期治水经验和智慧的结晶。《度地》以管仲与齐桓公君臣对话的方式引出了"五害"问题。桓公与管仲君臣际会，可说是中国历史上千古难遇的绝配。按照书中的记述，借助想象复原一下当时的场景：

一天，齐桓公与管仲在朝堂上探讨治理国家的方略，君臣交谈甚欢。在谈完"度地形而为国者"（勘察地形建设京都）这件事后，齐桓公又把一个颇为沉重的话题抛向了管仲：仲父（齐桓公对管仲的尊称）不是经常说"善为国者，必先除五害"吗，寡人"愿闻五害之说"。管仲见齐桓公如此虚心讨教，心生感动，便将自己对"五害"的看法合盘推出：

管仲对齐桓公详细讲述了水害的后果

水，一害也；旱，一害也；风雾雹霜，一害也；病，一害也；虫，一害也。……五害之属，水为最大。五害已除，人乃可治。……除五害，以水为始。

水为一害，旱为一害，风雾雹霜为一害，瘟疫为一害，蝗虫为一害，这就是所谓的"五害"。这五害，对经济的发展和社会的稳定构成了极大的威胁，只有采取强有力的措施消除它们，才能保证天下安定富强，百姓安居乐业。在五害中，水害是最凶恶的自然灾害，清除五害，首当其冲要从治理水患做起。

齐桓公说：寡人想听听水害的情况（"愿闻水害"）。于是管仲便详细讲述了关于河流的分类、水性以及泥沙对河道的影响等问题，最后又说到如果不对江河进行有效的治理，就会导致"水妄行"的严重后果：

水妄行则伤人，伤人则困，困则轻法，轻法则难治，难治则不孝，不孝则不臣矣。

洪水肆虐，毁人田园、伤人性命，在汪洋中挣扎的百姓就会陷入贫穷困苦之中，贫穷困苦就会看轻法度，看轻法度就难以治理，难以治理就行为不善，行为不善就不服从统治了。管仲层层递进，把水灾的危害分析得鞭辟入里，这绝不是危言耸听，而是事实如此。打开中华史册，会发现，每当"水妄行"导致大的洪涝灾害时，就会出现民不聊生的社会问题。饥寒起盗心。如果饿殍载道，饥民如潮，则会导致盗贼蜂起，甚至会引发大规模的农民暴动，搅得天翻地覆，国家败亡。

齐桓公虽然对管仲所讲的有关水的"技术问题"还有些一知半解，但他对"水妄行"造成的骇人后果却心知肚明。齐国地处黄河下游，黄河以及其他河流经常决溢"妄行"，洪水凶过猛兽，让齐国吃尽了苦头，要不是管仲预防有道，应对得当，赈灾及时，说不定真会闹出什么大乱子来。听完管仲的一席话，齐桓公更加警觉起来，眉头紧皱，面露戚色，不由得在座位上欠起了身子，把探寻的目光落在了仲父身上：请问您防备水害的方法是什么？

管仲见齐桓公一脸的诚恳和渴望，不由得打开了话匣子，说出了自己经过深思熟虑的治水方略和措施，可谓长篇大论，洋洋洒洒，堪为一篇科技含量极高的治水专论。主要包括：第一，设立水行政管理机构，配备熟习治水的官员专司水利管理；第二，加强对江河堤防的维护管理，做到有备无患；第三，做好水利冬春秋建设的组织管理工作；第四，强调了要根据季节的特点进行治水的问题。由于这段论述专业性较强，本文只好忍痛割爱，概而言之了。

听完了管仲一番高论，齐桓公紧锁的眉头舒展开了，原本愁云笼罩的脸逐渐被灿烂的春光取代。他打心眼里佩服管仲的真知灼见和深谋远虑：仲父真乃高见，关于齐国治水之事，就按您说得办。

《管子》之所以把防治水患作为治理国家的首要大事，是基于中国的自然地理特点和经济条件的实际做出的正确判断。在中国历史上，水旱灾害频仍，水患一直是中华民族的心腹之患，大禹治水的传说深刻地反映出这一严峻的社会现实。同时，古代中国作为一个自然经济占主体的农业之国，最紧迫最基本的事情是要发展农业生产，解决老百姓的吃饭问题。水利是农业的命脉，因而兴水利除水害必然成为统治者执政的要务。

不可以邻为壑

春秋战国时期，黄河的中下游地区分布着十几个诸侯国，甚至齐与赵、赵与魏、韩与魏、魏与秦等大国，皆以黄河为界。有些诸侯国为了一己的私利，不惜以邻为壑，或通过造"曲防"将洪水"挑"到别的国家（如战国时魏惠王手下大臣兼水工专家白圭就曾以"以邻为壑"为炫耀的资本，遭到孟子的痛斥）；或通过堵塞上游的河道截断下游诸侯国的水源，如"东周欲下稻，西周不下水"（地处下游东周国准备种稻，但处于上游的西周国却在河上筑坝挡水，使东周无水可用），"二周"差点因此事打起仗来。管仲深知以邻为壑的危害，因而在辅佐齐桓公"一匡天下"过程中，几次通过政治、军事手段妥善处理诸侯国之间的水事纠纷，在历史上传为佳话。

《管子·霸形》有这样一则记载：

春秋时，南方的楚国日益强大起来，虎视眈眈，觊觎中原，不断北上扩张。公元前679年，楚成王熊恽兴兵进攻郑、宋，先是攻入郑国，放火烧毁了郑国的几座城池；继而又入侵宋国，采取了另一个极为阴损的办法——"要（取）宋田，夹塞两川，使水不得东流，东山之西，水深灭垝（墙），四百里而后可田。"即在宋国境内的睢水、汴水上筑堤打坝，阻遏河水下泄东流，淹没宋国四百里，东山以西水深没墙，一片汪洋泽，迫使宋国投降。齐与郑、宋为近邻，楚国忌惮齐国兵强马壮，便派人到齐国用金银财宝去贿赂齐桓公左右的近臣，并散布流言蜚语，说什么齐国君明臣贤，强大无比，楚国愿与齐修好之类的恭维话，好让齐国君臣在飘飘然中放松警惕。齐桓公君臣果然被"糖弹"击中，准备交好楚国，对楚国侵犯宋、郑置之不理。唯有老成谋国的管仲一眼看穿了楚国的阴险把戏，及时向桓公进谏，揭露了楚人的狼子野心，并提出应对建议："请兴兵而南存宋、郑，而令曰'无攻楚'，言与楚一遇（会盟）。至于遇上，而以郑城与宋水为请。楚若许，则是我以文令也；楚若不许，则遂以武令焉。"意思是说，我们要发兵南下保护宋国、郑国，并声称不向楚国进攻，而是要与楚王会盟，和平解决问题。到会盟时，再提出郑城被焚和宋水被堵的问题要求楚国解决，楚国若答应，就等于我们用"文"的方式命令他；若不答应，我们就用刀枪教训他。齐桓公听了管仲这番话，如梦方醒，连连称"善"。于是，车辚辚，马萧萧，大军直驱宋、郑。

公元前656年（周惠王二十一年）春，齐桓公和管仲率齐、宋、鲁、陈、卫、郑、曹、许等八国联军南下抗楚，攻入楚国的附庸蔡国，痛扁蔡国、俘虏蔡穆侯后，又陈兵楚境。楚成王见八国联军气势汹汹，急令攻打郑国的军队撤兵回国，并派大夫屈完到齐桓公那讲和，表示楚国愿意向周天子称臣进贡，并承认齐国的盟主地位。齐桓公知道此时根本吃不掉强大的楚国，见其低头服软了，决定见好就收，退兵召陵（今河南省漯河市召陵区境），主持召开了"联合国大会"，签订了"召陵之盟"。盟约中提出了"毋贮粟，毋曲堤，毋擅废嫡子，毋置妾以为妻"等四条规定，其中"毋曲堤"，就是不允许到处修坝筑堤，危害邻国。会盟期间，齐国还提出"郑城"与"宋水"问题，问于楚国。楚国理屈，沉默以对。齐桓公见遂命"多国部队"开入郑国和宋国，一面帮助郑国重筑新城，一面命人破除了横在宋国睢水、汴水上的堤坝，使河水得以畅泄东流。对此，楚国君臣虽然恨得咬牙切齿，但因"惹不起"，只好悻悻而归。遭此重创之后，楚成王不得不重新定位自己的实力，暂时收起了向中原扩张的野心。

"召陵会盟"是中国历史上一个惊天动地的大事件，它以中

"召陵会盟"中明确要求不允许到处修坝筑堤、危害邻国

原诸侯联合抗楚并通过结盟奠定天下百年和平的大好局面而载入史册。就水利而言,则以"毋曲堤"即第一个华夏国际水利"法规"的订立而被后世津津乐道。

这之后,齐桓公打着"尊王攘夷"的旗号,在管仲的辅佐下又先后召集了首止、洮城、葵丘等会盟(连同召陵会盟,史称"九合诸侯"),齐国的霸主地位得以全面树立起来。其中最后一次在宋国的葵丘(今河南民权县境)会盟,盟约中有一条叫"毋曲防"(或作"毋雍泉"、"毋障谷")的规定,对预防和化解诸侯国之间的水事矛盾起到了一定的作用。

得水为上

在人类的进化过程中,寻找良好的自然环境作为自己安居乐业的处所一直是人们孜孜以求的目标。事实上,在很早的时候,我们的祖先就已懂得选择"风水宝地"作为栖息之所的重要性。因此,在数千年的历史进程中,"风水"(尽管其中含有不少迷信的成分)也就成为中国人追求理想生存环境的代名词。不言而喻,水在"风水"中占有极为重要的地位,故有"风水之法,得水为上"的说法。在中国古代出现的大地有机说中,始终把水看作是大自然的重要组成部分。对此,《管子》中亦有精到的见识:

地者,万物之本原,诸生之根菀也。水者,地之血气,如筋脉之通流者也。

——《管子·水地》

血,对于人体的重要性是可想而知的;相应地,水作为大地的血液,对大地的重要性也就不言自明了,这就是风水中所说的"得水为上"的要旨所在。

城市是经济社会和文化发展的产物,是人类文明进步的重要标志。中国古代,京都大邑的选址和建设是事关国家长治久安的大事。耐人寻味的是,先民们在选址建城特别是营建都城时,都毫不例外地把水环境的因素作为充分必要条件。对于城市营建与水的关系,《管子》颇有心得:

圣人之处国者,必于不倾之地,而择地形之肥饶者,乡(向)山,左右经水若泽,内为落渠之写(泻),因大川而注焉。乃以其天材,地之所生,利养其人,以育六畜。

——《管子·度地》

强调选址建城必须统筹兼顾防洪、供水、排水等问题：一是要处于地势平缓、水资源丰富、物产富饶的地方，这样才能就地取材，保证城市粮食物资的供给。二是要背山临水，即所谓的"后有靠，前有照"，背有靠山，给人安全稳固之感，同时有利于城池的防御；城池的前方或左右比邻江河，城市的供水、排水和"风水"就有了保障。三是要在城中建设沟渠网络，以随时排泄沥涝之水，避免城市被"泡"。为了把这件事情说得更清楚，《管子》又进一步补充道：

> 凡立国都，非于大山之下，必于广川之上，高毋近旱而水用足，下毋近水而沟防省，因天材，就地利。故城郭不必中规矩，道路不必中准绳。
>
> ——《管子·乘马》

选择都市或京都的位置，不在大山的脚下，也要在大河的旁边。建在高地的，不能靠近干旱地区，要有充足的水源；建在低地的，不能靠近低洼地，以省去建筑排水沟渠的花费。城市建设布局要因地制宜，视地形和水环境条件而地，不必拘泥于一定的建筑模式。

《管子》关于都城选址的论述，是先秦时关于生存"环境选择"经验的概括，也充分彰显出中华民族崇尚"天人合一"，追求人与自然和谐相处的理想，闪耀着人类智慧的灵光。今天，伴随着城市化进程的加快，"钢筋水泥森林"堂而皇之地成为城市的主角，城市河湖难逃被破坏、被填埋、被污染的厄运，生态环境恶化问题愈演愈烈。为了解决这一痼疾，20世纪90年代，钱学森、吴良镛等专家学者根据中国传统的山水自然观和天人合一哲学观，提出了建设"山水城市"的构想（水是营建山水城市的灵魂和核心要素——水是生机，是形象，是资源，是品位），其最终目的在于建立"人工环境"与"自然环境"相融合相协调的良好人居环境。应该说，《管子》提出的关于选址建城的"重水"思想，对未来中国"山水城市"建设无疑具有重大的启迪意义。

图书在版编目（CIP）数据

图说诸子论水 / 靳怀堾著. -- 北京：中国水利水电出版社，2015.4
（图说中华水文化丛书）
ISBN 978-7-5170-3073-7

Ⅰ. ①图… Ⅱ. ①靳… Ⅲ. ①水—文化—中国—通俗读物 Ⅳ. ①K928.4-49

中国版本图书馆CIP数据核字(2015)第076552号

丛 书 名	图说中华水文化丛书
书　　名	图说诸子论水
作　　者	靳怀堾 著
出版发行	中国水利水电出版社
	（北京市海淀区玉渊潭南路1号D座 100038）
	网址：www.waterpub.com.cn
	E-mail: sales@waterpub.com.cn
	电话：(010) 68367658 （发行部）
经　　售	北京科水图书销售中心（零售）
	电话：(010) 88383994、63202643、68545874
	全国各地新华书店和相关出版物销售网点
书籍设计	李菲
印　　刷	北京印匠彩色印刷有限公司
规　　格	215mm×225mm 20开本 9印张 171千字
版　　次	2015年4月第1版 2015年4月第1次印刷
印　　数	0001—4000册
定　　价	60.00元

凡购买我社图书，如有缺页、倒页、脱页的，本社发行部负责调换
版权所有·侵权必究